LA GUERRA CONTRA LAS MARAS EN EL SALVADOR DESDE LA ÓPTICA DEL TERRORISMO

Un análisis crítico, jurídico y criminológico, desde una perspectiva comparada

Miguel Ángel Cano Paños

LA GUERRA CONTRA LAS MARAS EN EL SALVADOR DESDE LA ÓPTICA DEL TERRORISMO

Un análisis crítico, jurídico y criminológico, desde una perspectiva comparada

Granada
2025

© MIGUEL ÁNGEL CANO PAÑOS
© EDITORIAL UNIVERSIDAD DE GRANADA
LA GUERRA CONTRA LAS MARAS EN EL SALVADOR
DESDE LA ÓPTICA DEL TERRORISMO.
UN ANÁLISIS CRÍTICO, JURÍDICO Y CRIMINOLÓGICO,
DESDE LA PERSPECTIVA COMPARADA

ISBN: 978-84-338-7627-0
Depósito legal: GR./1240-2025

Edita: Editorial Universidad de Granada
        Campus Universitario de Cartuja. Granada
        Tel.: 958 24 39 30 - 958 24 62 20
        Web: editorial.ugr.es

Preimpresión: TADIGRA, S.L. Granada
Diseño de Cubierta: TADIGRA, S.L. Granada
Imprime: **Podiprint. Antequera. Málaga**

Printed in Spain   *Impreso en España*

A Eli... mi par

CONTENIDOS

Introducción

EL TERRORISMO CONSTITUYE SIN DUDA UNA DE LAS MANIFESTACIONES delictivas que más impacto y temor infunde a los miembros de la sociedad. Al carácter violento e indiscriminado de las acciones terroristas, dirigidas en no pocas ocasiones hacia individuos y grupos ajenos a los objetivos finales de la lucha armada, se une una justificación ideológica esgrimida por los propios terroristas, basada ésta en motivaciones de carácter eminentemente político; motivaciones que, si bien podrían en alguna que otra ocasión considerarse como legítimas, pierden cualquier atisbo de justificación o apoyo debido precisamente al uso de la violencia contra seres humanos.

Aunque a día de hoy no existe todavía una definición consensuada y aceptada a nivel internacional de lo que realmente es «terrorismo»,[1] lo cierto es que los distintos conceptos utilizados destacan una serie de elementos inherentes a dicho fenómeno. Así, la existencia de una agrupación de individuos de carácter estable, el empleo o la amenaza con la utilización de medios violentos, así como la motivación política dirigida a la subversión de las estructuras del Estado mediante la propagación del terror en capas más o menos amplias de la población, constituyen sin duda las señas de identidad de este tipo de delincuencia.

Como consecuencia de la barbarie terrorista, los estados democráticos han hecho uso de un importante arsenal punitivo frente a este tipo de delincuencia, desarrollándose en no pocas ocasiones un

---

1   Uno de los análisis más actualizado del concepto de terrorismo, el cual incluye bibliografía complementaria, puede consultarse en: SCHMID, Alex P. (2023): «Defining Terrorism», *International Centre for Counter-Terrorism, ICCT Report*, pp. 1-50.

proceso de excepcionalidad jurídico-democrática en materia de terrorismo, caracterizado por una exacerbación punitiva en el ámbito penal material, así como por un recorte importante de las garantías individuales en los ámbitos procesal y penitenciario.

La temática central que se va analizar en los próximos epígrafes gira en torno a las actividades delictivas desarrolladas por las denominadas *maras* que actúan desde hace un par de décadas en El Salvador. Estas agrupaciones criminales, compuestas mayoritariamente por individuos que no sobrepasan los 30 años de edad (algunos de ellos incluso adolescentes), han venido mostrando unos niveles de violencia del todo punto inusitados para un país que se entiende democrático, colocando al país salvadoreño entre los más peligrosos del mundo. Ello ha dado lugar a que incluso en sede judicial se les haya calificado como organizaciones terroristas, lo cual ha sido refrendado por las instancias gubernamentales, desarrollando un arsenal punitivo y de excepción que ha traído consigo la conculcación de derechos fundamentales para la sufrida población salvadoreña.

Desde el postulado fundamental que se defiende en la presente obra, el calificar como *terroristas* a organizaciones criminales que actúan con pretensiones fundamentalmente económicas y de poder, conduce a diluir aún más el ya controvertido concepto de terrorismo; concepto que, a nivel internacional, sigue estando vinculado a aquellas actividades delictivas que pretenden un objetivo eminentemente político.

Por ello, y a partir de los postulados expuestos en el párrafo anterior, en la primera parte del presente trabajo se va a someter a un análisis crítico la evolución que el concepto de terrorismo —y los elementos asociados al mismo— ha sufrido en las últimas fechas en la legislación penal española, como consecuencia fundamentalmente de la evolución experimentada por el fenómeno terrorista tras la entrada en escena del terrorismo islamista radical. Ello ha dado lugar a que el concepto de terrorismo se haya apartado de forma peligrosa de la concepción defendida por el legislador español a la hora de elaborar el Código Penal del año 1995, también conocido como el Código Penal de la democracia.

Dicho análisis sirve de base para, ya en la segunda parte del trabajo, analizar la legislación antiterrorista aprobada en El Salvador, fundamentalmente la Ley Contra Actos de Terrorismo del año 2006, así como su interpretación y aplicación a una serie de concretos fenómenos delictivos por parte de la alta jurisprudencia salvadoreña.

Trascendental en este sentido resulta la sentencia dictada por la Sala de lo Constitucional de la Corte Suprema de Justicia el 24 de agosto del año 2015; resolución donde, por vez primera, se consideró como organizaciones terroristas a aquellos grupos criminales conocidos comúnmente con el nombre de *maras* en dicho país centroamericano.

Finalmente, en la tercera parte de la presente obra se va a llevar a cabo un análisis, de naturaleza criminológica y político-criminal, del origen, características y actividades de las maras que han venido operando en El Salvador en las últimas décadas, así como de las medidas adoptadas por los distintos gobiernos salvadoreños para combatir el fenómeno. Como no podía ser de otra manera, en dicho análisis se va a prestar una especial atención a la actual lucha contra las pandillas que se está llevando a cabo en dicho país bajo el Gobierno del Nayib Bukele.

Tal y como se podrá comprobar a lo largo de este trabajo, la política criminal, tanto española como salvadoreña, a la hora de afrontar el fenómeno terrorista se desarrolla en un terreno de constante tensión entre seguridad y libertad, observándose tendencias cada vez más radicales y, a la postre, menos garantistas. Tanto en uno como en otro país se ha producido una huida hacia el Derecho penal que pretende —sin lograrlo— satisfacer reivindicaciones emocionales, pero poco útiles de cara a lo que debería ser el verdadero objetivo de la intervención penal: La prevención del delito como mecanismo de protección de bienes jurídicos. Podría afirmarse que en ambos países se defiende el Estado de Derecho recurriendo a métodos que, en no pocas ocasiones, constituyen en cierta medida una forma de negación del propio Estado de Derecho. Un ejemplo de lo aquí explicado viene constituido por la denominada «guerra contra las maras» que el actual Presidente de El Salvador, Nayib Bukele, inició tras su ascenso al poder en el año 2019. Guerra que, como se verá en los epígrafes siguientes, ha conducido a limitar (cuando no a hacer desaparecer) derechos fundamentales de la población salvadoreña, los cuales se encuentran garantizados por la Constitución.

Decir por último que el trabajo que aquí se presenta constituye una versión escrita, ampliada, actualizada[2] y completada con referencias bibliográficas, de una conferencia impartida por el autor el día 17 de noviembre del año 2018 en la ciudad salvadoreña de San Miguel, en el marco del 1er Congreso de Derecho Penal titulado «Retos y transformaciones de la justicia penal salvadoreña», organizado por la Universidad Gerardo Barrios y la Unidad Técnica Ejecutiva del Sector Justicia. Dicha conferencia llevaba por título: «El concepto de terrorismo y su interpretación jurisprudencial en España y El Salvador».

En un principio, la citada Unidad Técnica Ejecutiva se mostró interesada en publicar dicha conferencia en forma de pequeña monografía, por lo que, en plena pandemia causada por el COVID-19, se envió el manuscrito en marzo del año 2020. Ante la falta de noticias procedentes del citado organismo, la editorial de la Universidad Gerardo Barrios asumió entonces su disponibilidad a publicar el trabajo. Sin embargo, y por motivos que, a buen seguro, guardan relación con la actual situación política en El Salvador, dicha disponibilidad por parte del centro universitario fue decreciendo con el paso del tiempo, lo cual, al final, desembocó en la suspensión de la publicación *sine die*. No cabe la menor duda de que, de haber sido las opiniones mostradas en el siguiente trabajo de distinto signo, a saber, *agradables* al Gobierno de Nayib Bukele, dicho trabajo habría visto la luz hace un par de años. Finalmente, la Editorial Universidad de Granada (eug) mostró su disposición a publicar la presente obra. Es por ello que quiero agradecer profundamente a dicha institución, y muy especialmente a su directora, María Isabel Cabrera García, así como al director de la colección Eirene, Mario López Martínez, la posibilidad que me han brindado para que este trabajo de investigación vea finalmente la luz en forma de libro.

---

2   Dicha actualización devenía absolutamente necesaria si se tienen en cuenta los últimos acontecimientos acaecidos en El Salvador tras la llegada al poder de Bukele. Cabe recordar que la conferencia a la que se hace aquí referencia fue impartida en noviembre de 2018, es decir, un par de meses antes de la victoria de Bukele en las elecciones presidenciales del 3 de febrero de 2019.

Por último, quiero agradecer al Ldo. Fredis Pereira, así como al periodista Edwin Segura, su inestimable ayuda a la hora de facilitarme material relacionado con las maras en El Salvador, así como su permanente disponibilidad para discutir —en la distancia— aspectos relacionados con esta terrible, a la vez que —en términos estrictamente académicos— apasionante temática.[3] Además, quiero también hacer extensivo mi agradecimiento al alumnado de la Facultad de Posgrado y Educación Continua de la Universidad Gerardo Barrios, con el cual, entre los años 2016 y 2018, pude interactuar durante las clases, lo que permitió acercarme a la problemática de las maras en el país salvadoreño. Un alumnado tremendamente motivado, preparado y con ganas de contribuir a la mejora social, económica y cultural de un gran país como es El Salvador.

---

3   Temática que, hay que decir, goza desgraciadamente de actualidad en España, al observarse intentos de asentamiento de la denominada «Mara Salvatrucha» en territorio español. La presión estatal ejercida en su país de origen ha provocado la migración de miembros de dicha mara hacia España, con el objetivo prioritario de establecer células o «clicas», lo cual, se teme, puede provocar no solo un aumento de la violencia, sino también una rivalidad con las bandas latinas tradicionales asentadas en ciudades como Madrid. Véase al respecto: Lozano, Andros (2025): «Los dos intentos frustrados de arraigar en España de la temible Mara Salvatrucha», diario *El Mundo*, edición online de 13 de mayo. Disponible en Internet: https://www.elmundo.es/cronica/2025/05/13/681e2b0ae85ece08158b4 5b5.html (último acceso: 8 de agosto de 2025).

España: un país confrontado con el fenómeno terrorista

No cabe duda de que el terrorismo sigue constituyendo actualmente uno de los problemas más graves a los que se enfrenta la sociedad española. El fenómeno terrorista había venido cobrando en España una especial trascendencia a partir de la década de 1960 debido, sobre todo, a la actividad de la organización terrorista ETA (*Euskadi Ta Askatasuna*),[1] la cual, desde su nacimiento en el año 1959, ocasionó en su lucha por la independencia del País Vasco una cifra cercana a los 900 muertos, a los que hay que sumar más de un centenar de miembros de la propia organización.[2] Pero es que, además, a partir de los brutales atentados de Madrid el 11 de marzo de 2004, atribuidos a un grupo islamista que compartía la ideología de la red global de la organización Al-Qaeda (*La Base*), y que ocasionaron 191 víctimas mortales y cerca de dos mil heridos,[3] al terrorismo de carácter interno o autóctono se le agregó el transnacional, lo que propició si cabe una preocupación aún mayor por este fenómeno. Mientras que el terrorismo desplegado por ETA ha desaparecido tras la histórica declaración de fin de la lucha armada emitida por la propia organización en octubre del año 2011, el terrorismo islamista sigue siendo una fuente de preocupación para la sociedad española.

---

1   Concepto en euskera, idioma utilizado en el País Vasco, el cual se traduce como «País Vasco y Libertad».

2   Para un análisis exhaustivo de la violencia terrorista desplegada por dicha organización véase: Alonso, Rogelio/Domínguez, Florencio/García Rey, Marcos (2010): *Vidas rotas. Historia de los hombres, mujeres y niños víctimas de ETA*, Madrid: Espasa Libros; Elorza, Antonio (Coord.): *La historia de ETA*, Madrid: Temas de Hoy.

3   Posiblemente el estudio más exhaustivo publicado sobre este atentado es el siguiente: Reinares, Fernando (2021): *11-M. La venganza de Al Qaeda*, Madrid: Galaxia Gutenberg.

Muestra de ello son los atentados cometidos en Cataluña el día 17 de agosto de 2017 a manos de una célula radicalizada en propio territorio español, y que ocasionaron un total de 17 muertos. Dicho atentado fue reivindicado por la organización terrorista Estado Islámico (ISIS).[4]

Se ha dicho, con razón, que las leyes antiterroristas forman parte de la propia lógica del terrorismo y que, en cierto modo, expresan una *autonegación* del Estado de Derecho, la cual, por otra parte, es buscada de propósito por los propios practicantes de este tipo de acciones. Esto ha dado lugar a que en los países de la Europa occidental se haya creado, en las acertadas palabras de LAMARCA PÉREZ, una «dialéctica agresión-legislación»,[5] la cual ha conducido a una profusa actividad normativa de carácter excepcional para hacer frente al fenómeno terrorista. En este sentido, elementales principios caracterizadores del denominado Estado democrático y de Derecho —principio de legalidad, derecho penal del hecho, principio de intervención mínima, etc.— han venido sufriendo embates en numerosas legislaciones europeas que no pueden explicarse sino como reminiscencias de la teóricamente proscrita «ideología de la emergencia».[6] Y hay que decir que, en este contexto, España no ha sido desde luego una excepción. Efectivamente, en el ordenamiento interno español, al igual que en otras legislaciones del entorno cultural europeo,[7] el terrorismo puso y sigue poniendo actualmente de relieve las profundas contradicciones del Estado constitucional, el cual, impotente para mantenerse fiel a sus genuinas señas de identidad garantista, ha

---

4   Un análisis tanto de dichos ataques terroristas, así como su trasfondo, puede consultarse en: TEIXIDOR, Anna (2020): *Los silencios del 17-A*, Barcelona: Diëresis.

5   LAMARCA PÉREZ, Carmen (2004): «Terrorismo», en: LA MISMA (Coord.), *Derecho Penal. Parte Especial*, 2ª Ed., Madrid: Colex, p. 685.

6   Una visión, en lengua española, de la legislación antiterrorista aprobada en las décadas de 1970 y 1980 por una serie de países europeos que se han visto confrontados con el fenómeno terrorista puede verse en: LÓPEZ GARRIDO, Diego (1987): *Terrorismo, política y derecho. La legislación antiterrorista en España, Reino Unido, República Federal de Alemania, Italia y Francia*, Madrid: Alianza.

7   Para el caso de Alemania, véase, ampliamente: CANO PAÑOS, Miguel Ángel (2008): «Los inicios de la lucha antiterrorista en Alemania. Análisis de la legislación penal y procesal en las décadas de 1970-1980», *Revista Electrónica de Ciencia Penal y Criminología*, núm. 10, pp. 1-31. Disponible en Internet: http://criminet.ugr.es/recpc .

caído y sigue cayendo en la provocación terrorista, procediendo a dinamitar alguna de las más importantes conquistas jurídico-penales del siglo XX.[8]

Pues bien, a partir de los postulados expuestos en los párrafos anteriores, en los siguientes epígrafes se va a someter a un análisis crítico la evolución que el concepto de terrorismo —y los elementos asociados al mismo— ha experimentado en las últimas fechas en la legislación española. Y ello, sobre todo, debido a la transnacionalización del fenómeno terrorista como consecuencia de la aparición de organizaciones como Al Qaeda o el autoproclamado Estado Islámico.

8   Es lo que SERRANO-PIEDECASAS denomina acertadamente como la «sustitución de la razón jurídica por la razón de Estado». Véase: SERRANO-PIEDECASAS, José Ramón (2002): «Tratamiento jurídico-penal del terrorismo en un Estado de derecho», en: ZÚÑIGA RODRÍGUEZ, Laura, et al. (Ed.), El Derecho penal ante la globalización, Madrid: Colex, p. 78.

El concepto "histórico" de terrorismo en la legislación penal española

EL HOY EN ESPAÑA VIGENTE CÓDIGO PENAL DE 1995 (CP en lo sucesivo), aprobado por la LO 10/1995, de 23 de noviembre, recobró para las acciones de naturaleza terrorista el *nomen iuris* de «terrorismo», explicitando las figuras propias de la materia en la Sección 2ª del Capítulo V del Título XXII (Delitos contra el orden público), bajo la rúbrica: «De los delitos de terrorismo» (arts. 571 a 580).[1] Con posterioridad a la entrada en vigor del CP de 1995, la Ley Orgánica (LO en lo sucesivo) 7/2000, de 22 de diciembre, operó una profunda reforma de carácter fundamentalmente represivo en la regulación de los delitos de terrorismo regulados en el Texto Punitivo, sobre todo para dar respuesta al denominado «terrorismo urbano» y al «terrorismo individual» (art. 577 CP) —al cual se hará referencia posteriormente—, introduciendo al mismo tiempo un nuevo tipo penal relativo a la exaltación del terrorismo (art. 578 CP), el cual hacía posible la represión de determinadas conductas no fácilmente reconducibles al tipo de apología contemplado en el art. 18.2 CP. A su vez, la mencionada Ley de reforma del año 2000 modificó lo dispuesto en el art. 579 CP, con anterioridad dedicado exclusivamente a la atenuación de las penas para los terroristas arrepentidos.

Del mismo modo, la LO 20/2003, de 23 de diciembre, profundizó en la mencionada línea represiva seguida por el legislador español de la época en materia de actividades relacionadas con el fenómeno terrorista, introduciendo en el CP el art. 576bis en orden a la per-

---

[1] Un análisis de la evolución histórica de la legislación penal antiterrorista en España puede consultarse en: CANO PAÑOS, Miguel Ángel (2013): *Tratamiento del fenómeno terrorista en el Derecho penal*, Lima: ARA Editores.

secución de comportamientos de promoción económica y ayuda a organizaciones, asociaciones o partidos políticos disueltos o suspendidos mediante resolución judicial por su relación con el terrorismo. Lo primero que hay que destacar es que el CP de 1995 rompió con la sistemática del anterior Código Penal de 1973 a la hora de regular los delitos de terrorismo.[2] Así, por un lado, el primero de los textos punitivos tipificaba las «bandas armadas, organizaciones o grupos terroristas» como asociaciones ilícitas en los arts. 515 y 516 CP, asignándole a aquéllas una penalidad agravada con respecto a las otras asociaciones de carácter delictivo. Por otro lado, la novedad más importante que en esta materia presentaba el CP 1995 consistía en realizar una tipificación *expresa* de los delitos de terrorismo, los cuales —como se ha señalado anteriormente— se ubicaban en la Sección 2ª del Capítulo V del Título XXII («Delitos contra el orden público»), arts. 571 a 580.[3]

Con la regulación de los «delitos de terrorismo» en el seno del CP se continuaba así con la línea iniciada con las Leyes Orgánicas 3/1988, de reforma del Código Penal y 4/1988, de reforma de la Ley de Enjuiciamiento Criminal, ambas de 25 de mayo, las cuales rompieron con el carácter de ley especial que en el ámbito de la delincuencia terrorista venía teniendo la regulación anterior a esa fecha,[4] reincorporando las normas de carácter jurídico-material en

---

2 Siguiendo a GARCÍA VALDÉS, la tipificación del terrorismo puede hacerse de tres maneras distintas desde el punto de vista de técnica penal: 1. Como delito común, sin mención especial alguna; 2. Como infracción autónoma, con *nomen iuris* propio e independiente de los delitos comunes de asesinato, secuestros, atracos, etc.; 3. Mediante una legislación especial. Véase: GARCÍA VALDÉS, Carlos (1984): «La legislación antiterrorista: Derecho vigente y Proyectos continuistas», *Anuario de Derecho Penal y Ciencias Penales*, Tomo XXXVII, Fasc. II, pp. 299-300. A partir de esta clasificación, el legislador español, tras años de titubeo, se ha decantado definitivamente por la opción segunda, regulando los delitos de terrorismo de forma autónoma, aunque dentro del Código Penal. Por el contrario, y como se verá posteriormente, el legislador salvadoreño se ha decidido por la legislación especial.

3 Por el contrario, los delitos de terrorismo regulados en los arts. 174bis a) y 174bis b) CP 1973 se ubicaban dentro del Título II del citado texto, bajo la rúbrica de los «Delitos contra la seguridad interior del Estado».

4 Efectivamente, los arts. 174 bis a), 174 bis b) y 174 bis c) CP 1973 fueron derogados por la LO 9/1984, de 26 de diciembre, «contra la actuación de bandas armadas y elementos terroristas y de desarrollo del art. 55.2 CE», Ley que, por primera vez en el Estado consti-

el CP y las de carácter procesal en la Ley de Enjuiciamiento Criminal. Esta línea hay que valorarla como positiva, ya que en principio contribuía al afianzamiento de la consideración de las actividades terroristas como delitos comunes, apartándolas con ello todavía más de su posible conceptualización como delitos políticos, tal y como expresamente señala el art. 13.3 de la Constitución Española (CE),[5] así como la normativa nacional e internacional actualmente vigente.

Ahora bien, dicho esto, salta a la vista la evidencia de que la delincuencia terrorista es muy distinta a las infracciones pertenecientes a lo que se puede denominar como «delincuencia común», ya incluso como «delincuencia organizada», precisamente porque sus autores siempre actúan por razones que difícilmente pueden dejar de ser calificadas de «políticas».[6] De ahí que, a la hora de ubicar determinadas infracciones penales graves dentro del espectro de la delincuencia terrorista, la motivación política del actor sea un elemento fundamental a considerar. Este aspecto, que aquí ahora únicamente se apunta, resulta fundamental para distinguir las actividades delictivas de naturaleza terrorista de aquellas otras vinculadas a lo que se conoce como crimen organizado (por ejemplo, en el contexto del tráfico de drogas o la trata de seres humanos).

Como se verá a continuación, los preceptos del CP 1995 que regulaban los delitos de terrorismo (arts. 571-580) se caracterizaban por suponer una notable agravación punitiva por la comisión de una serie de delitos (asesinatos, lesiones, secuestros, estragos, incendios, etc.), siempre que los mismos fuesen dirigidos «a subvertir el orden

---

tucional español, sistematizó en un *corpus iuris* único —y al margen del CP— los instrumentos jurídicos más relevantes para la represión del terrorismo, tanto sustantivos como procesales. Como se ha señalado en una nota anterior, ésta es también la técnica adoptada actualmente por el legislador de El Salvador.

5   Según el tenor literal del art. 13 apartado 3 frase 2 CE: «Quedan excluidos de la extradición los delitos políticos, no considerándose como tales los actos de terrorismo».

6   Ahora bien, el delito político nunca puede ser una infracción penal en un ordenamiento jurídico —como es el español— donde resultan legítimas las distintas modalidades de participación política. Por tanto, en un Estado democrático no puede haber delincuentes políticos. Las meras actividades políticas, mientras no se traduzcan en acciones delictivas que estén dirigidas a, por ejemplo, alterar el orden constitucional, nunca pueden ser delito en un sistema de libertades.

constitucional o a alterar gravemente la paz pública», y se realizasen por personas «que pertenezcan, actúen al servicio o colaboren con bandas armadas, organizaciones o grupos terroristas».[7]

Por lo demás, aunque el CP 1995 no proporcionaba explícitamente un concepto de terrorismo, sí que aportaba una serie de elementos que hacían posible elaborar una definición jurídica del fenómeno delictivo en cuestión.[8] En consecuencia, el concepto jurídico-penal de terrorismo podía obtenerse a través de la interpretación sistemática de la regulación que realizaba el Código, así como de su desarrollo jurisprudencial.[9] De este modo, del texto de la ley se deducía que, en general, había que considerar como terroristas aquellas bandas armadas, organizaciones o grupos cuya finalidad fuese la de subvertir el orden constitucional o alterar gravemente la paz pública.

En este sentido hay que decir que, a la hora de enmarcar los delitos de terrorismo, la normativa penal española contenida en el CP 1995 continuó con una línea iniciada en el periodo de transición democrática. Así, la noción de banda armada, organización o grupo terrorista y la finalidad de subversión del orden constitucional o alteración grave de la paz pública constituían los *elementos nucleares* para abordar una definición de terrorismo, mientras que los delitos

---

7   Si bien, como se verá en su momento, el CP 1995 preveía incluso la consideración como delitos terroristas los casos en que tales hechos se cometiesen con las finalidades señaladas, aunque se llevasen a cabo por personas que actuasen al margen de dichas organizaciones (cfr. art. 577 CP 1995, el cual, entre otros aspectos, regulaba el llamado «terrorismo individual»).

8   En realidad, y como ya ocurría en la normativa anterior, el CP 1995 no definía *expresamente* el terrorismo, sino que se limitaba a enunciarlo bajo la rúbrica «De los delitos de terrorismo», sin especificar en ningún momento a qué personas *in concreto* iban dirigidas las previsiones legales contenidas en los arts. 571 y ss. CP ni cuáles eran los elementos que permitían distinguir estos tipos de los que se podrían denominar delitos comunes. Por otra parte, los arts. 571 y ss. CP no castigaban la simple integración o pertenencia a banda armada u organización terrorista, ya que este supuesto se contemplaba en el delito de asociaciones ilícitas, los cuales eran objeto de regulación específica en los arts. 515 y ss. CP.

9   Así, el Tribunal Supremo español (TS), en la sentencia de 29 de noviembre de 1997, expone la siguiente fórmula definidora del concepto de terrorismo: «Actividad planificada que, individualmente o con la cobertura de una organización, con reiteración o aisladamente, y a través de la utilización de medios o la realización de actos destinados a crear una situación de grave inseguridad, temor social o de alteración de la paz pública, tiene por finalidad subvertir total o parcialmente el orden político constituido».

comunes de homicidio, lesiones, secuestros, etc., se mantenían como la forma ordinaria de exteriorización de este fenómeno.[10] A partir de estas consideraciones, y siguiendo en este caso a CANCIO MELIÁ, el concepto de terrorismo en el CP español venía —y viene— constituido por tres elementos: (1) La existencia de una estructura colectiva (organización) —si bien, como se verá posteriormente, la legislación penal española contempla también el denominado «terrorismo individual»; (2) La utilización de medios específicos de actuación (intimidación masiva y carácter armado); (3) La finalidad perseguida (significado político).[11]

Desde un punto de vista dogmático-penal, y focalizando el análisis en lo previsto en los arts. 571 y ss. CP 1995, para construir el concepto de terrorismo y, a partir del mismo, subsumir determinadas conductas delictivas dentro de la delincuencia terrorista, había que partir de la necesaria existencia de los siguientes elementos: 1. Un elemento *estructural* o de organización, ya que —con alguna excepción puntual— se exigía que la conducta se llevase a cabo por personas que perteneciesen, actuasen al servicio o colaborasen con bandas armadas, organizaciones o grupos terroristas;[12] 2. Un elemento *teleológico*, pues, así mismo, se precisaba que estas bandas, organizaciones

---

10 Para GARCÍA ARÁN, «los delitos de terrorismo definidos en el CP español mantienen la estructura básica de la punición del terrorismo, a saber: comisión de atentados contra bienes jurídicos básicos protegidos en otros lugares del Código (vida, integridad, seguridad, etc.), a los que se añade el elemento subjetivo de la finalidad de atentar contra bienes jurídicos supraindividuales que, en el caso español, se concreta en la finalidad de "subvertir el orden constitucional o alterar gravemente la paz pública"». Véase: GARCÍA ARÁN, Mercedes (2004): «De los delitos de terrorismo», en: CÓRDOBA RODA, Juan/GARCÍA ARÁN, Mercedes (dres.), *Comentarios al Código Penal. Parte Especial*, Tomo II, Madrid: Marcial Pons, p. 2603.

11 CANCIO MELIÁ, Manuel (2010): *Los delitos de terrorismo. Estructura típica e injusto*, Madrid: Reus, p. 155.

12 La Audiencia Nacional (AN) y el Tribunal Supremo (TS), al referirse a la organización terrorista ETA en sus sentencias, utilizaban indistintamente las expresiones «banda armada», «organización terrorista», «organización armada» o «grupo armado». En este sentido, la Sentencia de la Audiencia Nacional de 20 de octubre de 2000 estableció que «banda armada, organización terrorista y grupo terrorista no son sino realidades sociológicas de significado unívoco cuando propugnan la finalidad ya estudiada». Véase al respecto: LLOBET ANGLÍ, Mariona (2006): «Delitos de terrorismo», en: SILVA SÁNCHEZ, Jesús-María (Dir.) *et al.*, *Lecciones de Derecho Penal. Parte Especial*, Barcelona: Atelier, p. 376.

o grupos actuasen con la finalidad específica de subvertir el orden constitucional o alterar gravemente la paz pública.

Comenzando por el segundo de los elementos que caracterizan la delincuencia terrorista, el concepto de *subversión del orden constitucional* hay que interpretarlo como la pretensión de conculcar el legítimo ejercicio de los derechos fundamentales y libertades públicas de los ciudadanos, características del sistema democrático de un Estado de Derecho.[13] El terrorismo implica básicamente un peligro para el propio orden democrático. A partir de estas consideraciones, podría en este caso afirmarse que se trata de un fin claramente político, con lo cual el legislador español estaría reconociendo implícitamente que el terrorismo pertenece a esta categoría de delitos.[14] No obstante, y como se apuntó anteriormente,[15] en un Estado democrático de Derecho, la índole o la clase de finalidad política que pueda perseguir una determinada organización debe y tiene que ser perfectamente irrelevante por muy radical o heterodoxo que pueda ser su contenido. De este modo, la actuación de una organización terrorista portadora de un programa político sólo puede ser penalmente reprochable cuando se hace uso de la violencia para hacer efectivo ese programa político. Es decir, por la no utilización de los cauces democráticos como forma de lucha política.[16] En consecuencia, cuando se respetan

---

13 En los mismos términos: Cobo del Rosal, Manuel/Quintanar Díez, Manuel (2004): «Delitos contra el orden público (V). Delitos de terrorismo», en: Cobo del Rosal, Manuel (Coord.), *Derecho penal español. Parte Especial*, Madrid: Dykinson, p. 1126. Para García Arán, el orden constitucional debe interpretarse como el «orden político y la paz social» básicos citados en el art. 10 CE, cuyos fundamentos son la «dignidad de la persona, los derechos inviolables que le son inherentes, el libre desarrollo de la personalidad, el respeto a la Ley y a los derechos de los demás». García Arán, *opus cit.*, p. 2606.

14 Sin perjuicio de que tanto en la Constitución española (art. 13 apartado 3 frase 2) como en la mayoría de los Tratados internacionales no se reconoce este carácter a los actos de terrorismo a efectos de extradición.

15 Véase al respecto la nota núm. 6.

16 En parecidos términos, Prats Canut considera que, si bien es cierto que la mayoría de los actos terroristas esgrimen unas finalidades que incluso pueden ser vinculadas con derechos constitucionales, no obstante, *el medio reivindicativo* los hace incompatibles con otros derechos y libertades fundamentales, debido precisamente al móvil prioritario de estos actos o al elemento intencional específico. Para el mencionado autor, el sistema democrático vigente en España ofrece cauces sobrados para canalizar las reivindicaciones y protestas sin tener que recurrir para ello a la violencia. Véase: Prats Canut, Josep Miquel

las libertades públicas y se diseñan formas de participación en un régimen democrático, ninguna finalidad política se criminaliza por su contenido más o menos «radical», sino única y exclusivamente por la violencia que eventualmente la acompaña.[17] Lo peculiar del Estado democrático es que no cabe la tipificación de los delitos políticos puros, ya que el ejercicio de la política es lícito, de modo que prácticamente el catálogo de delitos con finalidad política se reduce al terrorismo.

Realizadas estas consideraciones, resulta necesario destacar que, en el ordenamiento jurídico español, la delincuencia terrorista está vinculada siempre y en todo caso a una finalidad política, en el sentido de que la subversión del orden constitucional que pretende una determinada organización o grupo terrorista debe ir acompañada de la intención de perturbar gravemente, de quebrar, de eliminar o de sustituir el poder político constituido. De este modo, organizaciones estables vinculadas al crimen organizado quedarían fuera de la eventual aplicación de la legislación antiterrorista, ya que su objetivo no es precisamente la subversión del poder político constituido, sino únicamente la consecución de beneficios económicos, aunque para ello apliquen en mayor o menor medida un clima de terror en la población o en un determinado territorio.

(2001): «De los delitos de terrorismo», en: QUINTERO OLIVARES, Gonzalo/MORALES PRATS, Fermín (coords.), *Comentarios al Nuevo Código Penal*, 2ª Ed., Elcano: Aranzadi, p. 2302.

17 En este sentido, GARCÍA ARÁN considera que el pretender la forma política de una república o la independencia de una parte del territorio no se convierte en fin ilícito de naturaleza terrorista porque se utilicen medios violentos para lograrlo. Es la utilización de «determinados medios ilícitos» dirigidos «al fin inmediato» de generar inseguridad o temor como instrumento de intervención política la que califica la delincuencia como terrorista. Véase: GARCÍA ARÁN, *opus cit.*, p. 2606. De la misma opinión: SERRANO-PIEDECASAS, *opus cit.*, p. 77. De hecho, la intentona secesionista por parte del Gobierno de la Comunidad Autónoma de Cataluña en el año 2017, aun habiéndose utilizado puntualmente medios violentos, no dio lugar en principio a calificar dichos hechos como terrorismo, si bien fructificaron en la comisión de otros delitos como sedición, malversación o desobediencia. Sobre dichos acontecimientos acaecidos en Cataluña en el año 2017 véase: CANO PAÑOS, Miguel Ángel (2019): «Los delitos de rebelión y sedición en el ordenamiento jurídico español y su eventual aplicación al proceso independentista catalán», *Revista Electrónica de Estudios Penales y de la Seguridad*, núm. 5, pp. 1-44.

Por su parte, la finalidad consistente en *alterar gravemente la paz pública* debe ser considerada como un concepto jurídico indeterminado no definido por la legislación penal española. Así, para LAMARCA PÉREZ, el término resulta de una imprecisión contraria al principio de legalidad penal, planteando el mismo la cuestión de si el terrorismo ya no se concibe exclusivamente como un delito con finalidad política, es decir, si cabe calificar también como terroristas a grupos que sólo persiguen atentar contra el normal desarrollo de la vida ciudadana, sin pretender al mismo tiempo la subversión del orden constitucional.[18] Como a nadie escapa, si se afirma que la alteración grave de la paz pública constituye un concepto *alternativo* al de subversión del orden constitucional, en ese caso el alcance de las infracciones de terrorismo podría ampliarse de modo muy significativo, pudiendo abarcar a organizaciones vinculadas al crimen organizado en contextos como el tráfico de drogas o la trata de seres humanos. Pues bien, para evitar precisamente esto, la «alteración grave de la paz pública» vinculada específicamente al terrorismo debe tener también una connotación política, distinta de la de subversión en sentido estricto, pero también política.[19] Y ello es debido precisamente a que existen determinadas organizaciones criminales que actúan en no pocas ocasiones de un modo especialmente espectacular por violento, lo cual, a partir de un entendimiento literal del término «paz pública», podría dar lugar a alterar ésta de forma grave, por lo que, en principio, podrían aquéllas también ser consideradas como organizaciones terroristas.

18 LAMARCA PÉREZ (2004), *opus cit.*, p. 687. Para esta autora, la alteración grave de la paz pública hay que entenderla como la acción destinada a crear un estado de alarma en la sociedad. Por su parte, MUÑOZ CONDE considera que, al incluirse en el CP 1995 la grave alteración de la paz pública como elemento teleológico, se elimina de la delincuencia terrorista la connotación de «delincuencia política» que a veces se le atribuye y que en todo caso es negada por el art. 13 apartado 3 frase 2 CE. Véase: MUÑOZ CONDE, Francisco (2004): *Derecho Penal. Parte Especial*, 15. Ed., Valencia: Tirant lo Blanch, p. 904.

19 CANCIO MELIÁ (2010), *opus cit.*, p. 186. Para este autor, los atentados islamistas cometidos el 11 de marzo de 2004 en Madrid tuvieron ciertamente una finalidad política, dirigida a modificar de forma puntual la política exterior de España. Es decir, dichos atentados no perseguían en sentido estricto subvertir el orden constitucional en su conjunto, lo que no obsta a afirmar que los mismos lograron ciertamente alterar de forma grave la paz pública, persiguiendo en todo caso una finalidad política.

Con todo, la finalidad de alterar la paz pública debe ser concebida como el fin *inmediato* perseguido por una determinada organización o grupo en el sentido de perturbar la normalidad de la convivencia ciudadana, creando una situación de grave inseguridad y terror social, eso sí, con una finalidad política.

Como conclusión a lo explicado en los párrafos anteriores, puede decirse que el elemento teleológico previsto por el legislador penal español del año 1995 permitía distinguir la organización terrorista del resto de las asociaciones ilícitas comunes reguladas en el art. 515 CP.

Llegados a este punto, conviene recordar de nuevo que los arts. 571 y ss. CP establecían como finalidad *alternativa* la de subvertir el orden constitucional o alterar gravemente la paz pública. Por ello, hay que considerar como terroristas tanto aquellas organizaciones o grupos que pretenden alterar el orden establecido, es decir, el actual sistema jurídico al que se refiere el art. 1 CE (= Estado social y democrático de Derecho), como aquellas otras que, con la finalidad última de afirmar el régimen democrático luchando precisamente contra las organizaciones que pretenden acabar con el mismo, tienen como fin inmediato la mencionada grave perturbación de la paz pública, bien por la utilización del armamento que poseen, bien por la concreta clase de delito de especial alarma que cometen; aspectos por sí mismos capaces de alterar esa normalidad de la convivencia ciudadana. En este último caso se está haciendo referencia al llamado «terrorismo de Estado», el cual, en el caso de España, hay que ponerlo en relación con las actividades de los GAL (Grupos Antiterroristas de Liberación), organización terrorista creada, financiada (con fondos reservados) y armada por el Ministerio del Interior español en la primera mitad de la década de 1980 con la finalidad de responder mediante el terrorismo de Estado (lo que en su momento se conoció con el nombre de «guerra sucia») a la violencia terrorista de ETA.[20]
Al hilo de lo explicado en el párrafo anterior resulta necesario hacer

---

20 Para un análisis de las actividades llevadas a cabo por los GAL, sobre todo en la década de 1980, véase: MIRALLES, Melchor/ONETTI, Antonio (2006): *GAL. La historia que sacudió el país*, Madrid: La Esfera de los Libros.

una breve referencia a la problemática jurisprudencial surgida en España a la hora de calificar jurídicamente a los GAL. Efectivamente, tanto la Audiencia Nacional (AN) como el Tribunal Supremo (TS) no siempre llegaron a admitir la existencia de una organización terrorista en los supuestos en que se enjuiciaban a miembros de los GAL. Unas veces porque mantenían la inexistencia del elemento teleológico de subvertir el orden constitucional; otras veces porque no consideraban que existiera un elemento estructural-organizativo consolidado. Así, la Sentencia de la Audiencia Nacional de 20 de septiembre de 1991 (ratificada en parte posteriormente por la Sentencia del Tribunal Supremo de 12 de marzo de 1992), aun considerando la implicación de los procesados con los GAL, sin embargo no los condenó como miembros de una organización terrorista y sí de una asociación ilícita común. El Tribunal basó su negativa en la inexistencia del elemento teleológico «que debe caracterizar a toda banda armada terrorista»: la finalidad de subvertir el orden constitucional. Así, para la AN, los procesados no querían destruir el orden democrático y constitucional del Estado español, sino más bien defender la estabilidad del sistema.[21] Por otro lado, un argumento adicional que utilizó la jurisprudencia española en el momento de enjuiciar los delitos cometidos por los GAL era que en estos casos faltaba también el elemento estructural u organizativo. Así, la citada Sentencia del Tribunal Supremo de 12 de marzo de 1992, ratificando la de la AN de 20 de septiembre de 1991, no sólo negó la existencia de un elemento teleológico, sino que al mismo tiempo subrayó que no se daban los elementos estructurales propios de una organización o banda terrorista. En efecto, en opinión del TS, tanto las bandas armadas como las organizaciones terroristas implican una mayor

---

21 Conviene señalar aquí que en la regulación de los delitos de terrorismo contenida en el anterior CP 1973 —texto aplicable a los hechos que aquí se analizan— sólo se contemplaba como finalidad del terrorismo la de subversión del orden constitucional, de tal manera que no fue hasta el CP 1995 cuando la «alteración grave de la paz pública» se incorporó como elemento teleológico de los delitos de terrorismo. Lógicamente, la citada afirmación en sede judicial de que organizaciones que pretendan defender el orden constitucional por medios violentos no podrían ser calificadas de terroristas, no puede darse con el CP 1995, pues éste establece, como se sabe, dos finalidades alternativas, aunque ambas con un significado político.

entidad organizativa, la cual no podía apreciarse en el caso de los GAL, donde lo que existía era, a juicio del Alto Tribunal, «una mera, pero rechazable y repudiable, asociación que sin mayor esquema organizativo (...) planeó los objetivos y finalidades explicadas por la Audiencia». Argumentos semejantes se expusieron en la Sentencia del Tribunal Supremo de 29 de julio de 1998, la cual se ocupó de otro caso relativo a miembros de los GAL.[22]

Junto al elemento teleológico, el concepto de terrorismo que se desprende del Derecho penal español necesita de una segunda variable para su definición: el elemento estructural u organizativo. A este elemento se han venido refiriendo también los tipos de terrorismo contenidos en el CP de 1995 cuando, por regla general, requieren para su realización que el delito se cometa por personas que pertenezcan, actúen al servicio o colaboren con «bandas armadas, organizaciones o grupos terroristas» (en la redacción primigenia del CP). El sujeto activo de los delitos de terrorismo es, por tanto, un individuo que forma parte de o actúa para una agrupación, es decir, es autor el que realiza las conductas típicas en razón a su pertenencia a la banda u organización (*intraneus*) o, simplemente, con la finalidad de colaborar al logro de sus objetivos, aunque no pertenezca a ella (*extraneus*).

Siguiendo en este punto a la jurisprudencia española emitida en la materia, las notas que caracterizan el elemento estructural del terrorismo pueden resumirse del siguiente modo: (1) Que exista una asociación de varias personas que tenga por objeto cometer delitos; (2) Que tal asociación sea armada, esto es, que utilice en esa actuación delictiva armas de fuego, bombas de mano, granadas, explosivos u otros tipos de armamento semejantes; (3) Que se trate de agrupaciones u organizaciones de las que nacen vínculos estables o permanen-

---

22 Sobre esta problemática véase, en profundidad: LAMARCA PÉREZ, Carmen (1993): «Sobre el concepto de terrorismo (A propósito del caso Amedo)», *Anuario de Derecho Penal y Ciencias Penales*, Tomo XLVI, Fasc. II, pp. 535 y ss.; PORTILLA CONTRERAS, Guillermo (2001): «Terrorismo de Estado: los Grupos Antiterroristas de Liberación (G.A.L.)», en: ARROYO ZAPATERO, Luis A./BERDUGO GÓMEZ DE LA TORRE, Ignacio (Dres.), *Homenaje al Dr. Marino Barbero Santos. In memoriam*, Vol. II, Cuenca: Ediciones de la Universidad de Castilla-La Mancha, Ediciones Universidad de Salamanca, pp. 501 y ss.

tes, y nunca transitorios o de carácter ocasional; (4) Que la relación entre sus miembros y la distribución de funciones estén presididas por las ideas de jerarquía y disciplina; (5) Que la realización de las distintas acciones por parte de estos grupos se caractericen por su violencia, reiteración, indeterminación e indiscriminación; (6) Que la clase de delitos que cometan sean básicamente de naturaleza grave: homicidios, asesinatos, secuestros, etc.[23]

En consecuencia, lo requerido en el Texto Punitivo español del año 1995 para que, en rigor, pudiera hablarse de delincuencia terrorista en el Derecho penal era la presencia de bandas armadas, organizaciones o grupos que recurriesen a la violencia o a la amenaza de la misma contra las personas, provocando con ello alarma o pánico, haciéndolo a su vez de forma organizada con la intención de subvertir el orden constitucional o alterar gravemente la paz pública, y todo ello con un objetivo de naturaleza política.

Ahora bien, a pesar de lo señalado a lo largo de los párrafos anteriores, sobre todo en lo relativo al elemento estructural del concepto de terrorismo, el primigenio art. 577 CP castigaba sin embargo también a quienes cometiesen una serie de delitos *sin pertenecer* a banda armada, organización o grupo terrorista, pero con la finalidad de subvertir el orden constitucional o de alterar gravemente la paz pública.[24] Es lo que en su momento en España se conoció como «terrorismo individual», al cual posteriormente también se adscribió la categoría criminológica de «terrorismo urbano». En consecuencia, el art. 577 CP —precepto que carecía de antecedente en el

---

23 Cfr. STS de 12 de marzo de 1992; STS de 14 de diciembre de 1993; STS de 29 de julio de 1998; STC 199/1987, de 16 de diciembre; SAN de 26 de marzo de 2001. Todas citadas en: LLOBET ANGLÍ, *opus cit.*, p. 375. Véase también: CALDERÓN CEREZO, Ángel/CHOCLÁN MONTALVO, José Antonio (2001): *Derecho Penal. Parte Especial*, Tomo II, 2ª Ed., Barcelona: Bosch, pp. 668-669.

24 El tenor literal del primigenio art. 577 CP rezaba de la siguiente manera: «Los que, sin pertenecer a banda armada, organización o grupo terrorista, y con la finalidad de subvertir el orden constitucional o de alterar gravemente la paz pública, cometieren homicidios, lesiones de las tipificadas en los artículos 149 ó 150, detenciones ilegales, secuestros, amenazas o coacciones contra las personas, o llevaren a cabo cualesquiera delitos de incendios, estragos o tenencia, tráfico y depósitos de armas o municiones, serán castigados con la pena que corresponda al hecho cometido, en su mitad superior».

ordenamiento jurídico-penal español— regulaba esencialmente los supuestos en los cuales un sujeto debía participar de las finalidades de subvertir el orden constitucional o alterar gravemente la paz pública, pero, al contrario de lo que sucedía en los supuestos previstos en los arts. 571 a 575 CP, dicho sujeto no actuaba organizado ni vinculado a una banda armada, organización o grupo terrorista. Por consiguiente, en este tipo no concurría el elemento estructural de la banda u organización terrorista. Por lo demás, el art. 577 CP mantenía la estructura ya conocida de los arts. 571 a 575 CP, consistente en la cualificación de determinados delitos comunes a partir de la presencia de determinadas finalidades de índole terrorista.[25]

En su versión primigenia, la conducta típica contenida en el repetido art. 577 CP consistía en cometer homicidios, lesiones de las tipificadas en los artículos 149 ó 150 CP, detenciones ilegales, secuestros, amenazas o coacciones contra las personas, o bien llevar a cabo cualesquiera delitos de incendios, estragos o tenencia, tráfico y depósitos de armas o municiones.

Hay que decir que la redacción de dicho precepto fue objeto de una sensible reforma por parte de la LO 7/2000, de 22 de diciembre, la cual afectó en materia terrorista tanto al Código Penal como a la Ley de Responsabilidad Penal de los Menores (LO 5/2000, de 12 de enero). Así, mientras que en su redacción originaria el art. 577 CP se destinaba a la persecución del llamado «terrorista individual», la reforma operada por la LO 7/2000 introdujo algunas modificaciones

---

25 Para CANCIO MELIÁ, el tipo contenido en el art. 577 CP casaba mal con lo que, de acuerdo con la doctrina dominante, constituía una de las bases fundamentales del carácter especial de las infracciones en materia de terrorismo: la organización. Para este autor, resultaba muy difícil entender cómo una persona que no actúa en conexión con una organización terrorista, es decir, un sujeto aislado, iba a poder subvertir el orden constitucional o alterar gravemente la paz pública. Véase: CANCIO MELIÁ, Manuel (2002): «"Derecho penal" del enemigo y delitos de terrorismo. Algunas consideraciones sobre la regulación de las infracciones en materia de terrorismo en el Código penal español después de la LO 7/2000», *Jueces para la Democracia*, núm. 44, p. 25. Si bien en principio no se pueden poner reparos a la afirmación de este autor, sobre todo teniendo en cuenta el contexto histórico en la cual se produjo, lo cierto es que la transformación cualitativa que ha experimentado el fenómeno terrorista, sobre todo a raíz de la irrupción del terrorismo islamista, ha dado lugar a la aparición de sujetos que han llevado a cabo acciones terroristas letales, y todo ello sin pertenecer formalmente a organización alguna, si bien compartiendo su ideología.

en el texto legal, destinadas fundamentalmente a facilitar la aplicación de este artículo a los casos del llamado «terrorismo urbano» o, en su acepción en euskera —lengua autóctona hablada en las comunidades autónomas del País Vasco y Navarra— «*kale borroka*». Bajo este concepto se englobaban aquellos supuestos en los que grupos de jóvenes radicales que no pertenecían ni colaboraban con la organización terrorista ETA, realizaban en su apoyo distintas actividades delictivas de destrozos, incendios, desórdenes públicos y hostigamiento callejero en distintas poblaciones del País Vasco. Según la jurisprudencia del TS, constituían manifestaciones de esta clase de terrorismo: el incendio de un cajero automático (STS 1635/2001, de 19 de septiembre) o el lanzamiento de artefactos incendiarios y gasolina en el interior de un autobús, el cual previamente había sido desalojado (STS 1302/2001, de 2 de julio). Hay que decir que la competencia para el conocimiento de estos hechos debía también corresponder a la Audiencia Nacional. Dado que algunos de los detenidos por dichos actos solían ser menores de edad, el legislador del año 2000 consideró necesario endurecer las disposiciones del Derecho penal de menores, procediendo así a modificar la LO 5/2000, de 12 de enero, Reguladora de la Responsabilidad Penal de los Menores. Tras la reforma operada en el Derecho penal de menores, los sujetos con edades comprendidas entre los 14 y los 17 años que cometiesen actos de terrorismo serían enjuiciados, no por un Juez del lugar donde se había cometido la infracción, sino por el Juzgado Central de Menores, de nueva creación dentro de la Audiencia Nacional. Por otro lado, el techo sancionador normativamente previsto podía llegar hasta los diez años de internamiento en régimen cerrado para aquellos menores de dieciocho años responsables de delitos de terrorismo de extrema gravedad. En lo relativo a las reformas operadas en el CP, la Exposición de Motivos de la citada LO 7/2000 justificó las modificaciones del art. 577 CP por su utilidad en orden a la represión y prevención del denominado «terrorismo urbano». Para el legislador español debía producirse la máxima protección frente a aquellos supuestos en los que dichas acciones llevadas a cabo por el entorno de ETA no se limitaban a dañar bienes materiales, individuales o colectivos, sino que perseguían fundamentalmente atemorizar a toda una población o colectivo para favorecer los fines terroristas. En primer lugar, al elenco de delitos que enumeraba la redacción primigenia del art. 577 CP, la reforma penal del año 2000 añadió el de daños, ampliándose al mismo tiempo los tipos de lesiones, y especificándose también los casos de tenencia, fabricación, depósito, tráfico, transporte o suministro de explosivos, sustancias o aparatos inflamables, incendiarios o asfixiantes, o de sus componentes.

En segundo lugar, la reforma más importante de este precepto afectó a los fines que deben guiar las acciones delictivas, pues, tras la reforma del año 2000, se consideraba relevante no sólo actuar con las finalidades clásicas de estos tipos, a saber, la subversión del orden constitucional o la alteración grave de la paz pública, sino igualmente con el propósito de contribuir a esos fines «atemorizando a los habitantes de una población o a los miembros de un colectivo social, político o profesional». La añadidura del fin de contribuir a los fines terroristas obedecía, según la Exposición de Motivos de la LO 7/2000, a la voluntad de incluir a aquellos sujetos que, sin pertenecer a una banda armada u organización terrorista, compartían sus fines y contribuían a los mismos.[26]

---

26 En opinión de LAMARCA PÉREZ, el supuesto previsto en el art. 577 CP, sobre todo tras la reforma producida por la LO 7/2000, conducía a la «desnaturalización» de los delitos de terrorismo contemplados en la Sección 2ª. Para esta autora, el art. 577 CP suponía de por sí una «muy discutible excepción» al elemento estructural propio de los delitos de terrorismo, es decir, la pertenencia a banda armada, organización o grupo terrorista. Pero es que, tras la reforma operada en el año 2000, tampoco resultaba ya necesario tener la finalidad de subvertir el orden constitucional o alterar gravemente la paz pública, sino que era suficiente con contribuir a estas finalidades, lo que para LAMARCA PÉREZ desvirtuaba el elemento teleológico característico de los delitos de terrorismo contemplados en el CP 1995. Todo ello llevaba a la mencionada autora a considerar que en el supuesto del art. 577 CP no existía en realidad dato alguno que permitiese distinguir las acciones terroristas de los correspondientes delitos comunes. Véase: LAMARCA PÉREZ (2004), *opus cit.*, pp. 694-695.

La "desnaturalización" del concepto de terrorismo tras la reforma penal del año 2015

LA AMENAZA PROVENIENTE DEL TERRORISMO ISLAMISTA ha hecho que, también en el caso de España, los distintos gobiernos hayan venido considerando como insuficientes los instrumentos de inteligencia, policiales y jurídico-penales destinados a hacer frente a este tipo de terrorismo cuantitativa y cualitativamente distinto al ejercido por la organización ETA. Esto ha dado lugar a impulsar en los últimos años una serie de medidas legislativas dirigidas a *combatir* esa amenaza de carácter difuso, omnipresente y tremendamente peligrosa. Medidas que, como se verá en los epígrafes siguientes, han dado lugar a extender y difuminar hasta límites insospechados los contornos típicos de lo que hasta hace pocas fechas se venía entendiendo en España como delincuencia terrorista.

En el año 2015, y una vez que el terrorismo yihadista había dejado de nuevo su impronta en territorio europeo con los terribles atentados cometidos en el mes de enero en París y unas semanas más tarde en Copenhague, los dos partidos mayoritarios en España (Partido Popular y Partido Socialista Obrero Español) firmaron a comienzos de febrero un pacto de Estado conjunto dirigido a «afianzar la unidad en defensa de las libertades y en la lucha contra el terrorismo».[1] El mencionado acuerdo constaba de una declaración de unidad y un total de ocho puntos a desarrollar en el futuro. De ellos, el más importante era una proposición de Ley Orgánica cuyo objetivo era

---

1 Véase: «Gobierno y PSOE firman el cuarto acuerdo antiterrorista en democracia», diario *El País*, edición online de 2 de febrero de 2015. Consultable en Internet: https://elpais.com/politica/2015/02/02/actualidad/1422891425_334894.html (último acceso: 23 de diciembre de 2023).

modificar el CP para hacer frente a las «nuevas formas de terrorismo». Dicha proposición de ley debía tramitarse separadamente del Proyecto de Ley Orgánica dirigida a modificar en profundidad el vigente Texto Punitivo. Tras su tramitación parlamentaria, el 31 de marzo de 2015 se publicó en el Boletín Oficial del Estado (BOE) la LO 2/2015, de 30 de marzo, por la que se modifica la Ley Orgánica 10/1995, de 23 de noviembre, del Código Penal, en materia de delitos de terrorismo (LO 2/2015 en lo sucesivo).[2] Como puede observarse, el tratamiento de la delincuencia terrorista por parte del legislador español adquiría nuevamente tintes de «legislación especial» o «de excepción», al decidirse a acometer la reforma de los delitos de terrorismo en una Ley Orgánica independiente de aquella otra destinada a reformar el Texto Punitivo.

A la hora de analizar la transformación que ha experimentado el concepto de terrorismo con la reforma del año 2015, hay que acudir (1) al elemento material y (2) al elemento teleológico contenido en la definición de terrorismo que contempla el actualmente vigente art. 573 CP, en los siguientes términos:

(1) Elemento material. Art. 573.1 CP: «Se considerarán delito de terrorismo la comisión de cualquier delito grave contra la vida o la integridad física, la libertad, la integridad moral, la libertad e indemnidad sexuales, el patrimonio, los recursos naturales o el medio ambiente, la salud pública, de riesgo catastrófico, incendio, contra la Corona, de atentado y tenencia, tráfico y depósito de armas, municiones o explosivos, previstos en el presente Código, y el apoderamiento de aeronaves, buques u otros medios de transporte colectivo o de mercancías [...]». Art. 573.2 CP: «Se considerarán igualmente delitos de terrorismo los delitos informáticos tipificados en los artículos 197bis y 197ter y 264 a 264quater cuando los hechos se cometan con alguna de las finalidades a las que se refiere el apartado anterior».

---

2   BOE núm. 77, de 31 de marzo de 2015, pp. 27.177-27.185. Hay que decir que el mismo día se publicó en el BOE la LO 1/2015, de 30 de marzo, de modificación del Código Penal, la cual dio lugar a que el Texto Punitivo sufriera la reforma más profunda desde su aprobación en el año 1995, ya que la mencionada LO afectó a un total de 252 artículos.

(2) Elemento teleológico. Art. 573.1 CP: «Se considerarán delito de terrorismo [...] cuando se llevaran a cabo con cualquiera de las siguientes finalidades: 1ª) Subvertir el orden constitucional, o suprimir o desestabilizar gravemente el funcionamiento de las instituciones políticas o de las estructuras económicas o sociales del Estado, u obligar a los poderes públicos a realizar un acto o a abstenerse de hacerlo; 2ª) Alterar gravemente la paz pública; 3ª) Desestabilizar gravemente el funcionamiento de una organización internacional; 4ª) Provocar un estado de terror en la población o en una parte de ella».

Con carácter previo, el Preámbulo de la LO 2/2015 establecía lo siguiente: «El eje del tratamiento penal del terrorismo [en la redacción primigenia contenida en el CP 1995] era, por tanto, la definición de la organización o grupo terrorista y la tipificación de aquellas conductas que cometían quienes se integraban en ellas o, de alguna forma, prestaban su colaboración. El Código Penal no debe, en ningún caso, perder esa perspectiva de tipificación de las conductas articuladas en torno a organizaciones o grupos terroristas, pero es evidente que las nuevas amenazas exigen la actualización de la normativa para dar cabida al fenómeno del terrorismo individual y a las conductas que constituyen la principal preocupación de la comunidad internacional, en línea con la Resolución 2178 del Consejo de Seguridad de Naciones Unidas anteriormente citada».[3]

Tal y como se vio en el epígrafe anterior, los preceptos del CP que han venido regulando en España los delitos de terrorismo (arts. 571 a 580 CP, antes de la reforma operada en el año 2015) se caracterizaban por suponer una notable agravación punitiva por la comisión de una serie de delitos (asesinatos, lesiones, secuestros, estragos, incendios, etc.), siempre que los mismos fueran dirigidos a subvertir el orden constitucional o a alterar gravemente la paz pública, y fuesen generalmente realizados por personas que perteneciesen, actuasen al

3   En este caso, el legislador español está haciendo referencia a la Resolución 2178 (2014), aprobada por el Consejo de Seguridad en su 7272ª sesión, celebrada el 24 de septiembre de 2014, en materia de terrorismo.

servicio o colaborasen con bandas armadas,[4] organizaciones o grupos terroristas;[5] si bien el CP 1995 preveía incluso la consideración como delitos terroristas los casos en los que tales hechos fueran cometidos con las finalidades reseñadas, aunque se llevasen a cabo por personas que actuasen al margen de dichas bandas, organizaciones o grupos (el denominado «terrorismo individual» previsto en el anterior art. 577 CP).

De este modo, los delitos de terrorismo definidos en el CP vigente hasta el año 2015 mantenían la estructura básica de la punición del terrorismo, a saber: comisión de atentados contra una serie definida de bienes jurídicos básicos protegidos en otros lugares del Código (vida, integridad, seguridad, etc.), a los que se añadía el elemento subjetivo de la finalidad de atentar contra bienes jurídicos suprain-dividuales que, en el caso español, se concretaba en el objetivo de subvertir el orden constitucional o alterar gravemente la paz pública, y todo ello con una motivación política.

Desde un punto de vista objetivo o material, los tipos asociados a la delincuencia terrorista, en la redacción original del CP 1995, eran los siguientes: (1) Delitos de estragos e incendios (art. 571 CP). Quizá por la habitual vinculación del terrorismo al uso de explosivos, el art. 571 CP recogía las tradicionales conductas de estra-

---

4   Conviene señalar que la reforma del CP operada por la LO 5/2010, de 22 de junio, dio lugar a eliminar la expresión «banda armada» dentro de la delincuencia terrorista, ya que se trata de un concepto que, desconectado de una finalidad política, permitía incluir en el anterior art. 571 CP a organizaciones no terroristas. De este modo, el legislador del año 2010 dejó claro que los delitos de terrorismo sólo los pueden cometer organizaciones y grupos que persigan la subversión del orden constitucional o la alteración grave de la paz pública, pero no otros tipos de asociaciones que pretendan conseguir fines distintos, por mucho que estén armadas.

5   En este sentido es necesario apuntar que la reforma operada en el CP por la mencionada LO 5/2010 incorporó un Capítulo VI al Título XXII del CP; capítulo que portaba la rú-brica «De las organizaciones y grupos criminales». En concreto, el art. 570bis CP, entre otras cuestiones, señalaba lo que había de entenderse por organización criminal, a saber, la «agrupación formada por más de dos personas con carácter estable o por tiempo indefini-do, que de manera concertada y coordinada se repartan diversas tareas o funciones con el fin de cometer delitos [...]». Por su parte, el art. 570ter CP definía grupo criminal como aquella «unión de más de dos personas que, sin reunir alguna o algunas de las caracterís-ticas de la organización criminal definida en el artículo anterior, tenga por finalidad o por objeto la perpetración concertada de delitos [...]».

gos e incendios tipificadas como delitos comunes en los arts. 346 y 351 CP; (2) Atentados contra las personas (art. 572 CP). Dicha disposición castigaba los atentados contra diversos bienes jurídicos de carácter personal como la vida, la integridad física o la libertad, conminándolos con distinta penalidad según el resultado producido (por ejemplo, de veinte a treinta años de prisión si se causara la muerte de una persona); (3) Delitos de peligro a la seguridad pública (art. 573 CP), donde se aludía, en general, a los supuestos de depósito de armas o municiones; (4) Como cláusula residual a los tipos de terrorismo contenidos en los arts. 571 y ss. CP, el art. 574 CP sancionaba la comisión de «cualquier otra infracción» que se realizase perteneciendo, actuando al servicio o colaborando con bandas armadas, organizaciones o grupos terroristas cuyas finalidades fueran la subversión del orden constitucional o la grave alteración de la paz pública. De lo establecido en el art. 574 CP había que concluir afirmando que, en realidad, en el CP español no existía un catálogo cerrado de delitos de terrorismo, sino que cualquier delito (¡o falta!) común podía convertirse automáticamente en delito de terrorismo cuando concurriesen los mencionados elementos estructurales y teleológicos inherentes a la violencia terrorista. Como cabía esperar, dicha disposición fue blanco de furibundas críticas por parte de la mayoría de la doctrina penal española;[6] (5) Delitos contra el patrimonio (art. 575 CP). Dicho precepto contemplaba la conducta de realizar un delito contra el patrimonio con la finalidad (elemento subjetivo del injusto) de allegar fondos a las organizaciones o grupos terroristas, o bien para favorecer sus finalidades, es decir, subvertir el orden constitucional o alterar gravemente la paz pública; (6) Delito de colaboración con banda armada (art. 576 CP). El delito de colaboración constituye uno de los tipos clásicos de terrorismo con el que se pretende sancionar cualquier género de conductas de favorecimiento a las actividades o finalidades terroristas. Puede

---

6   Véase, entre otros: MIRANDA ESTRAMPES, Manuel (2002): «De los delitos de terrorismo», en: DEL MORAL GARCÍA, Antonio/SERRANO BUTRAGUEÑO, Ignacio (coords.), *Código Penal (Comentarios y jurisprudencia)*, Tomo II, 3ª Ed., Granada: Comares, p. 2751; PRATS CANUT, *opus cit.*, p. 2307.

afirmarse que el art. 576 CP ratificaba una constante observable en el ámbito del Derecho comparado en todo lo relativo a la legislación antiterrorista, a saber, la previsión de un tipo muy poco específico de colaboración o apoyo a grupos terroristas, condicionado por la necesidad de no dejar fuera, dentro de lo posible, ninguna forma o variedad de respaldo individual o social al fenómeno terrorista; (7) Delito de exaltación del terrorismo (art. 578). Se trata de una disposición que regulaba el delito de exaltación o apología del terrorismo, bien enalteciendo o justificando estas actividades o a los autores de las mismas, bien injuriando o humillando a las víctimas o familiares azotados por dicho fenómeno; (8) Provocación, conspiración y proposición para cometer los delitos comprendidos en los arts. 571 a 578 CP (art. 579 CP). La provocación, la conspiración y la proposición constituyen fases preparatorias —todavía no ejecutivas— del delito que evidentemente resultarían impunes de no existir el art. 579 CP.

Pues bien, la reforma de los delitos de terrorismo aprobada en España en el año 2015 dio lugar a ampliar de forma ostensible los elementos material y teleológico vinculados a la delincuencia terrorista.

Así, el texto de la LO 2/2015 introdujo conceptos tan amplios y vagos que actos que hasta ese momento merecían un determinado reproche penal pasaron a ser castigados con la severidad que merece un acto terrorista, y ello con las consecuencias que acarrea desde un punto de vista penal-sustantivo (severidad de la amenaza penal, adelantamiento de las barreras de punición), procesal-penal (estatuto procesal diferenciado *ex* art. 55.2 CE, con ampliación en los plazos de detención preventiva, levantamiento del secreto de las comunicaciones o imposibilidad de elección de abogado)[7] e, incluso, penitencia-

---

7   Al respecto, el art. 55.2 CE presenta el siguiente tenor literal: «Una ley orgánica podrá determinar la forma y los casos en los que, de forma individual y con la necesaria intervención judicial y el adecuado control parlamentario, los derechos reconocidos en los artículos 17, apartado 2, 18, apartados 2 y 3, pueden ser suspendidos a personas determinadas, en relación con las investigaciones correspondientes a la actuación de bandas armadas o elementos terroristas». Más concretamente, los arts. 17 y 18 CE protegen respectivamente la libertad y la seguridad, así como el derecho al honor, la intimidad personal y familiar y la propia imagen.

rio (régimen agravado para la obtención de beneficios penitenciarios, permisos de salida u obtención de la libertad condicional).[8] Efectivamente, la definición de terrorismo contemplada en el actualmente vigente art. 573 CP, introducido como se sabe por la LO 2/2015, abarca casi todos los tipos punibles, extendiendo la consideración de «actos terroristas» a conductas tales como los delitos de aborto provocado, daños al feto, contra la libertad sexual o la delincuencia informática. Evidentemente, la variedad de productos y situaciones que caben en toda esta amalgama de conductas terroristas típicas obliga a los jueces españoles a hilar muy fino. Así, difícilmente comprensible resulta el ubicar los delitos de aborto dentro la delincuencia terrorista, sobre todo si dicha conducta se pone en relación con el elemento teleológico inherente a la violencia terrorista.[9] Así mismo, la reforma incluye un endurecimiento de las penas para las organizaciones terroristas que cometan un delito de trata de mujeres, obligándolas a contraer matrimonio o bien explotándolas sexualmente. No cabe duda de que, en este punto, la reforma es una respuesta *ad hoc* y nada meditada a los nuevos casos de captación de mujeres por grupos y organizaciones terroristas de carácter islamista. Esto da lugar a imbuir con la etiqueta de «terrorista» a conductas ubicables, bien en la trata de seres humanos prevista en el art. 177bis CP, bien en los delitos contra la libertad e indemnidad sexuales. Por esta regla de tres, cualquier conducta delictiva contemplada en el Código Penal, ya sea un delito de estafa, de injurias o incluso contra la Hacienda Pública, debería ser considerada como delito de terrorismo si, al cometerla, el autor persigue la desestabilización del orden constitucional —en sus distintas manifestaciones *ex* art. 573.1 CP— o la grave alteración de la paz pública. Es evidente que con esta

8   Para un análisis exhaustivo del régimen penitenciario especial que se aplica en España a los condenados por terrorismo, véase: CANO PAÑOS, Miguel Ángel (2012): *Régimen penitenciario de los terroristas en España. La prisión como arma para combatir a ETA*, Madrid: Dykinson.

9   Así, el nuevo art. 573bis CP, disposición dirigida a establecer el marco punitivo aplicable a las distintas infracciones terroristas, señala en el núm. 3º del apartado primero que la causación de un aborto del art. 144 CP se castigará con la pena de prisión de quince a veinte años.

ampliación desmesurada de los delitos de terrorismo el principio de taxatividad queda considerablemente mermado.

En este sentido, cinco relatores de derechos humanos pertenecientes a la ONU señalaron el día 23 de febrero de 2015 que la definición de los delitos de terrorismo y las disposiciones relativas a la criminalización de los actos de «incitación y enaltecimiento» o «justificación» del terrorismo incluidas en el Proyecto de Ley de reforma del CP español eran «excesivamente amplias e imprecisas». «Tal y como está redactada, la ley antiterrorista podría criminalizar conductas que no constituirían terrorismo y podría dar lugar entre otras cuestiones a restricciones desproporcionadas al ejercicio de la libertad de expresión».[10]

Criticable resulta también la extensión del elemento teleológico vinculado a la delincuencia terrorista. Efectivamente, como ya se ha señalado *supra*, la anterior regulación de los delitos de terrorismo en el Texto Punitivo asociaba dicho fenómeno a la consecución de dos objetivos fundamentales: la subversión del orden constitucional o la alteración grave de la paz pública, debiendo estar ambos objetivos guiados en todo caso por una motivación de naturaleza política. Pues bien, con la nueva definición del delito de terrorismo recogida en el art. 573.1 CP, dicho elemento teleológico se amplía, abarcando cuatro finalidades, las cuales no hacen sino aumentar la confusión.[11] Así,

---

10   Véase al respecto: «La ONU carga contra la reforma del Código Penal y la "Ley Mordaza"», diario *Público*, edición online de 23 de febrero de 2015. Consultable en Internet: https://www.publico.es/politica/onu-carga-reforma-del-codigo.html (último acceso: 23 de diciembre de 2023).

11   Confusión a la que ciertamente no ha sido ajeno el Poder judicial español. Así, el día 21 de noviembre del año 2023, el titular del Juzgado Central de Instrucción núm. 6 de la Audiencia Nacional, Manuel García-Castellón, elevó una exposición razonada a la Sala de lo Penal del Tribunal Supremo, solicitando que esta investigase a Carles Puigdemont y a otros líderes separatistas catalanes por haber cometido delitos de terrorismo en el contexto de las actividades desplegadas en Cataluña en octubre de 2019 por el movimiento llamado *Tsunami Democràtic*. En opinión del Magistrado García-Castellón, las acciones violentas y tumultuarias acaecidas el 14 de octubre de 2019 en el aeropuerto de Barcelona, donde se concentraron unas 8.000 personas para protestar por la sentencia del Tribunal Supremo que condenaba a penas de prisión a los políticos catalanes que impulsaron el proceso independentista en Cataluña, constituían actos de terrorismo a partir de lo establecido en el Código Penal español. Véase al respecto, desde una perspectiva crítica: CANO PAÑOS, Miguel Ángel (2024): «A vueltas con el *procés*, la amnistía y el terroris-

la alusión que en el núm. 1 del art. 573.1 CP se hace a «suprimir o desestabilizar gravemente el funcionamiento de las instituciones políticas o de las estructuras económicas o sociales del Estado, u obligar a los poderes públicos a realizar un acto a abstenerse de hacerlo», no es sino una concreción a todas luces innecesaria de lo que tradicionalmente se ha entendido como «subversión del orden constitucional». Por su parte, la finalidad prevista en el núm. 4 del repetido art. 573.1 CP, a saber, el «provocar un estado de terror en la población o en una parte de ella», constituye básicamente una manifestación de la tradicional alteración grave de la paz pública contenida tanto en el anterior art. 571.3 CP como en el actual núm. 2 del art. 573.1 CP, por lo que su inclusión dentro del elemento teleológico vinculado a la delincuencia terrorista también resulta completamente innecesaria. Finalmente, la alusión que en el art. 573.1 núm. 3 CP se hace a «desestabilizar gravemente el funcionamiento de una organización internacional» supone la transposición al Derecho interno español de lo establecido en el Art. 1 de la Decisión Marco del Consejo (de la Unión Europea) de 13 de junio de 2002 sobre lucha contra el terrorismo. Conviene señalar que dicha Decisión Marco, entre otros aspectos, introdujo por primera vez en la historia comunitaria una definición común del delito de terrorismo para todos los Estados miembros, obligándoles a adaptar sus códigos penales antes de que finalizara el año 2002 para incluir en ellos el delito de terrorismo.[12]

---

mo», *Crónica Seguridad*, 12 de febrero de 2024. Disponible en Internet: https://cronica-seguridad.com/2024/02/12/a-vueltas-con-el-proces-la-amnistia-y-el-terrorismo/

12 Tal y como se establece en el Art. 1 de la Decisión Marco del año 2002 (ratificada en su momento por España), se consideran como delitos de terrorismo «los actos intencionados a que se refieren las letras a) a i) tipificados como delitos según los respectivos Derechos nacionales que, por su naturaleza o su contexto, puedan lesionar gravemente a un país o a una organización internacional cuando su autor los cometa con el fin de: intimidar gravemente a una población, obligar indebidamente a los poderes públicos o a una organización internacional a realizar un acto o a abstenerse de hacerlo, o desestabilizar gravemente o destruir las estructuras fundamentales políticas, constitucionales, económicas o sociales de un país o de una organización internacional». A continuación, la mencionada disposición establece un listado de aquellas conductas delictivas que se consideran delitos de terrorismo, cuando las mismas sean cometidas con las finalidades expuestas anteriormente: «a) atentados contra la vida de una persona que puedan tener resultado de muerte; b) atentados graves contra la integridad física de una persona; c) secuestro o toma de rehenes; d) destrucciones masivas en instalaciones gubernamentales

A modo de conclusión del presente epígrafe resulta evidente que disposiciones como la aprobada LO 2/2015 en materia de delitos de terrorismo corroboran la sensación de que, tanto el ordenamiento jurídico español en general como el Gobierno de la Nación en particular, pretenden estar preparados ante cualquier eventualidad. Nadie, en caso de llegar a producirse la peor de las situaciones, quiere verse confrontado con el reproche de haber subestimado la amenaza terrorista y no haber adoptado las medidas de protección adecuadas. En el fondo, toda esta legislación penal basada exclusivamente en criterios de seguridad ostenta ante todo una importancia de carácter ideológico para la clase política, más que una eficacia práctica para el conjunto de la ciudadanía. Por consiguiente, resulta conveniente plantearse la pregunta de si la continua creación de normas penales para hacer frente a la amenaza proveniente del terrorismo transnacional —unidas todas ellas y en todo caso a intervenciones de carácter procesal que afectan a la esfera de los derechos fundamentales del ciudadano— encuentran su legitimación en una real amenaza proveniente de esa forma de violencia de especial virulencia, la cual —se piensa— únicamente se puede afrontar mediante los mecanismos de los que dispone el sistema penal, o si más bien la clase política pretende con la incesante cascada de reformas —de una mal entendida naturaleza preventiva— armarse de argumentos (punitivos) para, en el peor de los casos, hacer frente al reproche de no haber hecho todo lo posible para impedir un atentado terrorista.

Una vez analizado el concepto de terrorismo en el ordenamiento jurídico español, y descritos los elementos que integra el mismo, se

---

o públicas, sistemas de transporte, infraestructuras, incluidos los sistemas informáticos, plataformas fijas emplazadas en la plataforma continental, lugares públicos o propiedades privadas, que puedan poner en peligro vidas humanas o producir un gran perjuicio económico; e) apoderamiento ilícito de aeronaves y de buques o de otros medios de transporte colectivo o de mercancías; f) fabricación, tenencia, adquisición, transporte, suministro o utilización de armas de fuego, explosivos, armas nucleares, biológicas y químicas e investigación y desarrollo de armas biológicas y químicas; g) liberación de sustancias peligrosas, o provocación de incendios, inundaciones o explosiones cuyo efecto sea poner en peligro vidas humanas; h) perturbación o interrupción del suministro de agua, electricidad u otro recurso natural fundamental cuyo efecto sea poner en peligro vidas humanas; i) amenaza de ejercer cualesquiera de las conductas enumeradas en las letras a) a h)».

considera necesario, siquiera brevemente, exponer si dicho concepto (y los delitos asociados al mismo), resultan de aplicación al fenómeno de los grupos violentos de carácter juvenil existentes actualmente en España, y que son conocidos como bandas latinas.[13] Así, desde principios de la década de los 2000 se encuentran asentadas en España bandas o pandillas compuestas mayoritariamente por jóvenes entre los 13 y los 30 años procedentes de países de Latinoamérica (fundamentalmente República Dominicana, Ecuador, Colombia y algunos países de Centroamérica) y que suelen emular a aquellas pandillas existentes tanto en Latinoamérica como en algunas ciudades de los EE.UU. Las más conocidas son los Latin King, los Ñetas, los Trinitarios y los Dominican Don't Play (DDP). Se trata, en todos los casos, de grupos violentos que en los últimos años están evolucionando hacia la comisión de delitos graves para los que utilizan armas e instrumentos peligrosos. Dichas bandas se asientan fundamentalmente en barrios de la ciudad de Madrid, así como en otras ciudades del cinturón metropolitano de la capital de España. La violencia la ejercen tanto contra miembros rivales de otras bandas como contra individuos no integrantes de bandas latinas, pero que pueden tener algún tipo de trato con alguna de ellas. En casi todos los casos, la violencia tiene como trasfondo el control territorial.

Pues bien, a la hora de enjuiciar y condenar a miembros de estas bandas latinas acusados de delitos graves como homicidios, lesiones, extorsiones o tráfico de drogas, la jurisprudencia española ha venido considerando a dichas agrupaciones como meras organizaciones criminales.[14] En este sentido, el art. 570bis CP, introducido en el

---

13 Para un análisis de dicha fenomenología véase, entre otros: CANO PAÑOS, Miguel Ángel (2008a): «La problemática de las bandas latinas en España», *Iter Criminis*, núm. 2, Cuarta Época, Marzo-Abril, pp. 129-156; KAZYRYTSKI, Leanid (2016): «Las bandas callejeras latinoamericanas en España y el giro punitivo en el tratamiento de su problemática», *InDret*, núm. 2, pp. 1-26; SCANDOGLIO, Bárbara (2009), *Jóvenes, grupos y violencia. De las tribus urbanas a las bandas latinas*, Barcelona: Icaria.

14 Véase, entre otras: Sentencia de la Sección 3ª de la Audiencia Provincial de Madrid, de 19 de octubre de 2023; Sentencia de la Sección 23ª de la Audiencia Provincial de Madrid, de 23 de julio de 2021; Sentencia de la Sección 16ª de la Audiencia Provincial de Madrid, de 25 de octubre de 2019; Sentencia de la Sala 2ª del Tribunal Supremo, de 12 de diciembre de 2013.

Texto Punitivo tras una reforma operada en el año 2010, se encuentra incluido en el Capítulo VI del Título XXII del Libro II del Código Penal, rubricado «De las organizaciones y grupos criminales». Con dicho precepto, el legislador penal español ha incorporado una figura delictiva de peligro, la cual adelanta la barrera de punición, castigando la mera pertenencia a una organización criminal, con independencia así de los delitos concretos que dicha organización pueda cometer.[15] De este modo, y ante la falta de esa motivación política inherente a la delincuencia terrorista, las bandas juveniles de carácter violento existentes en España, autoras algunas de ellas de delitos especialmente graves, no se combaten mediante los delitos de terrorismo, sino integrando en la acusación la pertenencia a una organización criminal, además de los delitos concretos eventualmente cometidos.

---

15 Art. 570bis CP (extracto): «1. Quienes promovieren, constituyeren, organizaren, coordinaren o dirigieren una organización criminal serán castigados con la pena de prisión de cuatro a ocho años si aquélla tuviere por finalidad u objeto la comisión de delitos graves, y con la pena de prisión de tres a seis años en los demás casos; y quienes participaren activamente en la organización, formaren parte de ella o cooperaren económicamente o de cualquier otro modo con la misma serán castigados con las penas de prisión de dos a cinco años si tuviere como fin la comisión de delitos graves, y con la pena de prisión de uno a tres años en los demás casos. A los efectos de este Código se entiende por organización criminal la agrupación formada por más de dos personas con carácter estable o por tiempo indefinido, que de manera concertada y coordinada se repartan diversas tareas o funciones con el fin de cometer delitos». Por su parte, el art. 570ter CP define al grupo criminal en los siguientes términos: «A los efectos de este Código se entiende por grupo criminal la unión de más de dos personas que, sin reunir alguna o algunas de las características de la organización criminal definida en el artículo anterior, tenga por finalidad o por objeto la perpetración concertada de delitos». Las penas previstas para los dirigentes e integrantes de un grupo criminal son inferiores con respecto a las previstas para los que pertenecen a una organización criminal.

El concepto de terrorismo en el ordenamiento jurídico de El Salvador. Comentario a la Sentencia de la Corte Suprema de Justicia de El Salvador, de 24 de agosto de 2015

1. INTRODUCCIÓN

En un principio puede resultar sorprendente, a la vez que temerario, realizar un análisis de Derecho comparado entre dos países como España y El Salvador, y ello enfocado en una problemática específica como es la delincuencia terrorista. Así, y al contrario que en el caso español, el país centroamericano no se ha visto confrontado con una organización terrorista de corte tradicional, ya sea de naturaleza etno-nacionalista o social-revolucionaria (como así ha sucedido en otros países del continente americano como Perú o Uruguay), la cual, en aras a conseguir determinados objetivos políticos, ha puesto en jaque a las estructuras del Estado, motivando la aprobación de un arsenal de medidas de naturaleza policial, penal, procesal o penitenciaria. Por otro lado, y al contrario de lo sucedido en los países occidentales, El Salvador ha permanecido hasta el momento ajeno a la ola de terror desplegado por el terrorismo de corte islamista, por lo que la evolución experimentada en el concepto de terrorismo, para con ello hacer frente a las nuevas amenazas, no se ha visto reflejada en el ordenamiento jurídico salvadoreño.

Hechas estas matizaciones, lo cierto es que el mencionado país centroamericano presenta una serie de características excepcionales muy vinculadas a su pasado más reciente, lo cual hace necesario abordar también el estudio del fenómeno terrorista en El Salvador. Ello es debido fundamentalmente a las siguientes circunstancias: (1) Se trata de un país que en los últimos años ha presentado uno de los índices de delincuencia violenta más altos del mundo; (2) Existen agrupaciones criminales que despliegan una actividad delincuencial considerable, poniendo en jaque a los aparatos de seguridad del Estado y creando un clima de terror generalizado en la sociedad salvadoreña; (3) En el mencionado país existe una legislación antiterrorista relativamente reciente, la cual, desde el año 2015, resulta de aplicación al fenómeno de las «maras» o «pandillas». Todo ello ha dado lugar, también en El Salvador, a que se discuta el alcance del concepto de terrorismo, ya que, como se verá en los epígrafes siguientes, existen voces desde la política, el Derecho e incluso la judicatura, las cuales consideran que el fenómeno del terrorismo no tiene por qué ir asociado a una motivación o finalidad de carácter político, considerando suficiente la existencia de un terror generalizado en la sociedad y/o una permanente intimidación de los órganos de decisión política o del *ius puniendi*, para que con ello entre en acción todo el arsenal punitivo antiterrorista.

Por todo ello, en los próximos epígrafes se va a analizar el binomio terrorismo/maras, el cual parece consolidado en el vigente ordenamiento jurídico salvadoreño. Para ello, en primer lugar se van a analizar, siquiera brevemente, los aspectos fundamentales de la legislación antiterrorista aprobada en El Salvador, la cual se encuentra condensada básicamente en la Ley Contra Actos de Terrorismo del año 2006. Posteriormente, en segundo lugar, el trabajo se va a detener en la trascendental Sentencia dictada por la Sala de lo Constitucional de la Corte Suprema de Justicia, de 24 de agosto de 2015, en la que se declaró como terroristas a la Mara Salvatrucha (o MS 13) y a la Mara 18 (o Barrio 18), con todas las consecuencias penales, procesales y penitenciarias que dicha decisión conllevaba. Finalmente, en tercer lugar se van a realizar una serie de reflexiones personales en torno al fenómeno de las maras en El Salvador. Reflexiones prudentes, arriesgadas, susceptibles de ser objeto de críticas, pero en todo caso llenas de objetividad, ya que las mismas, si bien proceden de un jurista y criminólogo ajeno a la realidad salvadoreña, conocedor del país únicamente a través de sus puntuales —aunque enriquecedoras— visitas anuales en calidad de docente universitario, se han obtenido a través del contacto directo con estudiantes, profesorado, así como miembros de la sociedad salvadoreña, habiendo todos ellos aportado una información relevante para conocer *in situ* el fenómeno de las pandillas en dicho país.

2. ANÁLISIS DE LA LEY ESPECIAL CONTRA ACTOS DE TERRORISMO, DE 21 DE SEPTIEMBRE DE 2006

La Ley Especial Contra Actos de Terrorismo (LECAT) fue aprobada el 21 de septiembre de 2006 bajo el mandato de Elías Antonio Saca, el cual, como se verá posteriormente, continuó fiel al *manodurismo* instaurado por su predecesor en el cargo, Francisco Flores, para combatir al fenómeno de las maras. Mediante la LECAT fueron derogados los arts. 343 y 344 del Código Penal salvadoreño del año 1997, los cuales regulaban respectivamente los tipos penales de «actos de terrorismo» y «proposición y conspiración para actos de terrorismo». De este modo, el legislador salvadoreño decidió desplazar la delincuencia terrorista del Texto Punitivo, acometiendo su regulación en una ley especial.[1]

Sin ánimo de entrar en un análisis pormenorizado de los antecedentes de la LECAT, puede decirse que su nacimiento vino motivado fundamentalmente por dos acontecimientos dignos de mención: (1) La aprobación de la Convención Interamericana contra el Te-

---

1 A lo que este trabajo interesa, resulta necesario reproducir el tenor literal contenido en el derogado art. 343 CP salvadoreño, el cual rezaba de la siguiente manera: «El que individualmente o en forma colectiva realizare actos que pudieren producir alarma, temor o terror, utilizando sustancias explosivas o inflamables; armas o artefactos que normalmente sean susceptibles de causar daño en la vida o en la integridad de las personas será sancionado con prisión de cinco a veinte años. En igual pena incurrirá el que en las mismas circunstancias y para lograr los fines anteriores, privare de libertad o amenazare u ocasionare la muerte a terceros. Se tendrá como actos de terrorismo: (1) Los dirigidos contra la vida, la integridad personal o la libertad del Presidente de la República o del que haga sus veces y de los demás funcionarios públicos, cuando dichos actos hubieren sido cometidos en razón de las funciones del cargo que esas personas ejercieren; (2) La destrucción o daño de los bienes públicos o destinados a uso público; (3) La fabricación, procuración, detentación o proporcionamiento de armas, municiones, productos explosivos e implementos para la realización de actos de terrorismo; (4) La participación individual o colectiva, en tomas u ocupaciones de poblados y ciudades ya se hicieren total o parcialmente, edificios e instalaciones de uso público o destinados para el servicio público, sedes diplomáticas, centros de trabajo y de servicios o de lugares destinados a cualquier culto religioso, y, (5) Los ataques armados a guarniciones y otras instalaciones militares».

rrorismo el 3 de junio del año 2002 (ratificada por El Salvador el 13 de marzo de 2003), la cual obligaba a los Estados americanos a crear leyes antiterroristas dirigidas a prevenir, sancionar y erradicar el terrorismo; (2) La necesidad del Gobierno de Saca de mostrar su compromiso electoral de lucha contra las maras, utilizando para ello todos los medios a su alcance, entre ellos la legislación antiterrorista, para con ello perseguir, procesar y castigar los delitos cometidos por los integrantes de las pandillas.

Del conjunto de preceptos contenidos en la LECAT deben destacarse, sobre todo, los arts. 1 y 4, los cuales definen respectivamente, en términos más o menos precisos, la delincuencia terrorista y la organización terrorista. Según señala el art. 1 LECAT: «La presente Ley tiene como objeto prevenir, investigar, sancionar y erradicar los delitos que se describen en ésta, así como todas sus manifestaciones, incluido su financiamiento y actividades conexas, y que por la forma de ejecución, medios y métodos empleados, evidencien la intención de provocar estados de alarma, temor o terror en la población, al poner en peligro inminente o afectar la vida o la integridad física o mental de las personas, bienes materiales de significativa consideración o importancia, el sistema democrático o la seguridad del Estado o la paz internacional; todo lo anterior, con estricto apego al respeto a los Derechos Humanos».

Por su parte, el art. 4 LECAT viene redactado en los siguientes términos: «Para los efectos de la presente Ley se entenderá por: [...] (m) organizaciones terroristas: son aquellas agrupaciones provistas de cierta estructura de la que nacen vínculos en alguna medida estables o permanentes, con jerarquía y disciplina y con medios idóneos, pretenden la utilización de métodos violentos o inhumanos con la finalidad expresa de infundir terror, inseguridad, alarma, arrogarse el ejercicio de potestades pertenecientes a la soberanía de los estados o afectar sistemáticamente los derechos fundamentales de la población o parte de ella, de uno o varios países».[2]

---

2   Hay que recordar que el derogado art. 343 CP salvadoreño contemplaba también el terrorismo individual dentro de lo que definía como «actos de terrorismo».

Tal y como se ha analizado en los epígrafes anteriores al estudiar el concepto de terrorismo inicialmente vigente en la legislación penal española, las especiales características que permiten catalogar a una acción delictiva con la etiqueta de «terrorista» son las siguientes: (1) La existencia, por regla general, de una organización de carácter estable, la cual confiere una especial peligrosidad a las conductas realizadas; (2) La utilización de medios específicos de actuación, fundamentalmente el uso de la violencia con el objetivo de intimidar a un sector más o menos amplio de la población; (3) El significado político de los actos delictivos, el cual, en el caso español, se manifiesta, bien en la desestabilización del orden constitucional, bien en la alteración grave de la paz pública. Pues bien, es precisamente la finalidad o significado *político* de las acciones lo que singulariza y diferencia a la organización o grupo terrorista del resto de organizaciones criminales propias de la delincuencia organizada, las cuales actúan en la inmensa mayoría de los casos guiadas por móviles exclusivamente *económicos*.

Teniendo en cuenta estos elementos inherentes a la delincuencia terrorista, respaldados por un sinfín de resoluciones jurisprudenciales,[3] hay que decir que de lo establecido en los arts. 1 y 4 LECAT no es posible singularizar de forma inequívoca el elemento teleológico de la delincuencia terrorista, a saber, la finalidad eminentemente política con la que se llevan a cabo las acciones violentas. Por el contrario, el art. 1 LECAT se limita a señalar que los actos de terrorismo deben ejecutarse con «la intención de provocar estados de alarma, temor o terror en la población», lo cual no tiene necesariamente por qué implicar objetivos políticos. Del mismo modo, el art. 4 LECAT establece como finalidad expresa de las acciones cometidas por organizaciones terroristas la de «infundir terror, inseguridad, alarma, arrogarse el ejercicio de potestades pertenecientes a la soberanía de los estados o afectar sistemáticamente los derechos fundamentales de la población o parte de ella [...]». Es decir, el objetivo político dirigido a subvertir el orden constitucional o alterar de manera grave la paz

---

3   Véase, en el caso de España, la Sentencia del Tribunal Constitucional de 16 de diciembre de 1987.

pública no se vislumbra por ningún lado. De esta manera, el legislador penal salvadoreño extiende los contornos típicos de la LECAT a formas variadas e imprecisas de violencia, distintas en todo caso al terrorismo, con lo que se están vulnerando principios fundamentales del Derecho penal como es el de taxatividad. Por consiguiente, las distintas modalidades delictivas descritas en la LECAT se convierten en tipos penales abiertos e imprecisos, susceptibles por tanto de aplicarse a conductas delictivas distintas al terrorismo.

Grupos u organizaciones terroristas solo pueden ser aquellas que tengan un objetivo político, con independencia del grado de violencia desplegado en sus acciones. Esto supone una limitación del concepto de terrorismo absolutamente necesaria ya que, de lo contrario, no resulta posible, desde un punto de vista jurídico, distinguir el terrorismo de otros delitos comunes, como por ejemplo los desórdenes públicos o la delincuencia organizada. No cabe duda de que hay organizaciones criminales que realizan hechos especialmente graves como los terroristas y que sin duda pueden llegar a representar un auténtico problema político para el Estado —piénsese, por ejemplo, en los endémicos actos de violencia desplegados en México por organizaciones como el cártel de Los Zetas—; pero, en estos casos, la finalidad no es la subversión del poder político o la desestabilización del sistema democrático, sino otra muy distinta.

A partir de lo señalado en los párrafos anteriores, la LECAT aprobada en El Salvador en el año 2006 presenta unos altos índices de ambigüedad e imprecisión a la hora de definir el terrorismo, por lo que permite incluir en su concepto a organizaciones criminales que emplean altas dosis de violencia en sus acciones, si bien —conviene reiterar— carecen de objetivo político alguno. Tal y como de forma acertada señala Martínez Ventura: «La ambigüedad, el uso de conceptos difusos, indeterminados e imprecisos al menos en la mayoría de los tipos penales que contiene, así como la exacerbada severidad de las penas previstas, ha permitido que la LECAT, en la práctica, haya sido utilizada, no para cumplir con el fin proclamado en contra de verdaderos actos de terrorismo, sino para perseguir, procesar y sancionar otros fenómenos delictivos, como homicidios cometidos por miembros de maras o pandillas, así como actos vandálicos o desórdenes públicos derivados de manifestaciones de diversos sectores sociales».[4]

Como se verá a continuación, la jurisprudencia salvadoreña aplicó *mutatis mutandis* el contenido y significado de lo establecido en la LECAT, para con ello imbuir a las pandillas Mara Salvatrucha y Barrio 18 con la etiqueta de «terroristas», con todas las consecuencias que ello implica.

3. LA SENTENCIA DE LA CORTE SUPREMA DE JUSTICIA DE EL SALVADOR, DE 24 DE AGOSTO DE 2015. ASPECTOS CONTROVERTIDOS

La Sentencia de la Sala de lo Constitucional de la Corte Suprema de Justicia de El Salvador que aquí se analiza tenía por objeto la resolución de una serie de cuestionamientos sobre la constitucionalidad de algunos de los preceptos contenidos en la LECAT, y que fueron planteados en el año 2007 por una serie de ciudadanos a través de los correspondientes recursos. Con todo, la importancia de esta sentencia radica en el hecho de que, en un pasaje de la misma —y sin ser éste el objetivo prioritario de los recursos presentados por los demandantes—, los magistrados de la Sala de lo Constitucional declararon expresamente que no sólo la Mara Salvatrucha y el Barrio 18 debían ser consideradas como «grupos terroristas», sino que agregó que también debían ser tratadas como terroristas todas aquellas pandillas y organizaciones criminales que, entre otros cometidos, busquen arrogarse el ejercicio de potestades que son facultad exclusiva del Estado, «atemorizando, poniendo en grave riesgo o afectando sistemática o indiscriminadamente los derechos fundamentales de la población o de parte de ella».[5] La polémica decisión de la Corte Suprema de Justicia del año 2015 dio lugar a abrir la

---

4 MARTÍNEZ VENTURA, Jaime Edwin (2015): «El delito de terrorismo en El Salvador. Un análisis de la Ley Especial Contra Actos de Terrorismo», en: AMBOS, Kai/MALARINO, Ezequiel/STEINER, Christian (eds.), *Terrorismo y Derecho Penal*, Berlín: Konrad-Adenauer-Stiftung, p. 463.

5 Sentencia de la Corte Suprema de Justicia, de 24 de agosto de 2015, p. 41.

puerta para endurecer aún más la estrategia oficial para luchar contra la violencia de las pandillas, perpetuando jurídica y judicialmente el *manodurismo* iniciado la década anterior por el entonces presidente Francisco Flores.

En lo que sigue se van a exponer los aspectos más controvertidos de la citada sentencia, si bien en relación exclusivamente con la temática tratada en la presente obra.

Comienza señalando la Sentencia que el art. 1 LECAT establece una noción legal de terrorismo, «que pretende determinar el alcance aplicativo de la ley y complementa de igual manera cada uno de los tipos y demás disposiciones a los cuales necesariamente ha de remitirse tal término».[6] Para la Sala de lo Constitucional, de la noción legal de terrorismo contenida en el citado art. 1 LECAT se pueden deducir tres elementos que ha tenido en cuenta el legislador salvadoreño para considerar una conducta como de naturaleza terrorista: «(a) la utilización de medios y métodos con amplia idoneidad para generar un terror colectivo; (b) que lesionen o pongan en peligro *bienes jurídicos* personales o materiales —estos últimos de significativa consideración—; y (c) que resulte o pueda resultar afectado *el sistema democrático, la seguridad del Estado o la paz internacional*».[7] Pues bien, lo primero que sorprende de este pronunciamiento es que los magistrados de la Corte Suprema de Justicia, a la hora de analizar los elementos fundamentales que definen a la delincuencia terrorista, acuden a una serie de definiciones acuñadas por la doctrina, en las cuales se realzan, de forma particular, el medio utilizado (de carácter violento), el efecto causado (terror en la población) y, sobre todo, las motivaciones de las acciones (políticas, ideológicas, etc.). Y es que, como se verá a continuación, una palabra que se repite hasta la saciedad en la primera parte de la citada sentencia del año 2015 es la que hace referencia a las *motivaciones políticas* de la delincuencia terrorista. Efectivamente, cuando los magistrados estudian las definiciones brindadas por un amplio sector de la doctrina, observan cómo

---

6 Sentencia de la Corte Suprema de Justicia, de 24 de agosto de 2015, p. 38.
7 Sentencia de la Corte Suprema de Justicia, de 24 de agosto de 2015, p. 38 (cursivas en el original).

los actos de terrorismo presentan las siguientes características: «(a) todo acto cometido como parte de un método de *lucha política* que comporta el uso de violencia extrema contra personas inocentes; (b) el recurso a medios extremadamente violentos e ilegales en la *lucha política*; (c) utilización de medios que pueden causar estragos con el propósito de aterrorizar a un sector de la población con la finalidad de cambiar el *sistema político* imperante; o (d) actos contra la vida, integridad corporal, salud o libertad de las personas que, verificados sistemáticamente, tiendan a provocar una situación de terror que altere la seguridad y el orden públicos con *fines políticos*».[8] Incluso los magistrados llegan a hacer alusión a una definición de terrorismo elaborada en sede de las Naciones Unidas, en la cual, entre otros aspectos, se señala que constituyen acciones terroristas «los actos criminales con *fines políticos* concebidos o planeados para provocar un estado de terror en la población en general (...)».[9] De este modo, y tras la lectura de la primera parte de la Sentencia del año 2015, podría afirmarse sin miedo a equivocarse que la jurisprudencia salvadoreña, al igual que la española, parte de la base de que las organizaciones terroristas, independientemente del grado de violencia utilizado y el terror desplegado en el seno de la población, deben tener en todo caso una motivación política subyacente para ser consideradas como tales a efectos jurídico-penales. Así lo reiteran los magistrados de la Corte Suprema de Justicia cuando señalan que la especial motivación de las organizaciones terroristas es lo que distingue a este tipo de delincuencia «de otras formas de criminalidad convencional —v. gr. la criminalidad organizada mafiosa que persigue primordialmente una motivación netamente lucrativa—».[10]

---

8   Sentencia de la Corte Suprema de Justicia, de 24 de agosto de 2015, p. 34 (cursivas añadidas).

9   Sentencia de la Corte Suprema de Justicia, de 24 de agosto de 2015, p. 35 (cursivas añadidas).

10 Sentencia de la Corte Suprema de Justicia, de 24 de agosto de 2015, p. 38. De hecho, en un extracto posterior de la sentencia, los magistrados hacen alusión a la Sentencia de la Sala de lo Constitucional de 19 de diciembre de año 2012, en la cual se hacía alusión directa a «la Tregua» —que será analizada en el epígrafe siguiente— impulsada por el Gobierno de Mauricio Funes ese mismo año, en los siguientes términos: «no resulta admisible desde las bases del Estado Constitucional de Derecho, el uso de mecanismos para-jurídicos

Sin embargo, a partir de aquí, la Sentencia de la Corte Suprema de Justicia abandona deliberadamente en su discurso cualquier alusión a la motivación política del terrorismo, confundiendo de este modo *finalidad* de la violencia con *motivación* (política, ideológica) subyacente a la actividad terrorista desplegada por organizaciones o grupos de carácter estable, de tal modo que podría afirmarse que los magistrados están con ello allanando el camino para, en un momento posterior de la resolución, incluir a las maras o pandillas dentro de la delincuencia terrorista. Efectivamente, en un pasaje de la sentencia se afirma que lo relevante de la delincuencia terrorista, «además del uso sistemático, generalizado, organizado e indiscriminado de la violencia, *es la consecución de una finalidad que puede ser intimidar a grandes sectores de la población, tomar el control de diversas partes del territorio, incidir en las decisiones que pueda [sic] efectuar los diferentes entes gubernamentales, paralizar la estructura económica de la nación, poner en riesgo el sistema de libertades comprendidos en la Constitución y afectar sensiblemente el sistema democrático, poniendo en riesgo o afectando todo ello los derechos fundamentales de la población*».[11] El/la lector/a conocedor/a de la realidad salvadoreña no tendrá mayores inconvenientes en asociar todas estas finalidades con las actividades desarrolladas por grupos o pandillas como la Mara Salvatrucha o el Barrio 18: extorsión de amplios sectores de la población, control territorial de colonias enteras, paralización del transporte público, muerte violenta de miembros de las fuerzas y cuerpos de seguridad, etc.

Lo sorprendente del caso es que el Alto Tribunal salvadoreño, a la hora de intentar justificar lo que, en un pasaje posterior de la sentencia aquí analizada, va a resultar ser la decisión más trascendental y con mayor eco de su pronunciamiento (la consideración de las maras como agrupaciones terroristas) se apoya en parte en la

---

que impliquen negociaciones con el crimen en general, y menos con el crimen organizado [...]». Huelga decir que, para los magistrados del año 2012, con la expresión «crimen organizado» estaban haciendo referencia explícita a las maras o pandillas. Véase al respecto: Sentencia de la Corte Suprema de Justicia, de 24 de agosto de 2015, p. 40.

11 Sentencia de la Corte Suprema de Justicia, de 24 de agosto de 2015, pp. 38-39 (cursivas en el original).

sentencia del Tribunal Constitucional español de 16 de diciembre de 1987. Efectivamente, en este pronunciamiento, promovido por el recurso de inconstitucionalidad presentado en su momento contra la LO 9/1984, de 26 de diciembre, «contra la actuación de bandas armadas y elementos terroristas y de desarrollo del art. 55.2 de la Constitución», se señalaba entre otras cosas que «lo característico de la actividad terrorista resulta ser el propósito, o en todo caso, el efecto, de difundir una situación de alarma o de inseguridad social, como consecuencia del carácter sistemático, reiterado, y muy frecuentemente indiscriminado, de esta actividad delictiva. De ahí que no quepa excluir la posibilidad de que determinados grupos u organizaciones criminales, *sin objetivo político alguno*, por el carácter sistemático y reiterado de su actividad, por la amplitud de los ámbitos de población afectados, puedan crear una situación de alarma y, en consecuencia, una situación de emergencia en la seguridad pública que autoriza (o legitima) a equipararlos a los grupos terroristas propiamente dichos, como objeto de las medidas excepcionales previstas en el art. 55.2 de la Constitución».[12] De este modo, una interpretación literal de lo establecido en este pronunciamiento podría dar lugar a considerar que las maras o pandillas, sin tener objetivo político alguno, y debido a la violencia indiscriminada que ejercen contra amplios sectores de la sociedad salvadoreña, se harían acreedoras de la etiqueta de «terrorista». Dicho esto, la jurisprudencia salvadoreña desconoce sin embargo —y ello quizá de forma deliberada— que el propio Tribunal Constitucional español, en la misma sentencia del año 1987, considera a renglón seguido que las organizaciones o grupos criminales, a los que el citado art. 55.2 CE les atribuye la etiqueta de «bandas armadas»,[13] deben ser interpretadas de forma restrictiva y en todo caso en conexión con el de «elementos terroristas» mencionados en el repetido precepto constitucional. Así, tanto en uno como en otro caso las acciones delictivas deben producir un

---

12 Sentencia del Tribunal Constitucional de 16 de diciembre de 1987, p. 29 (cursivas añadidas).

13 Véase al respecto la nota núm. 4 del Capítulo titulado «La "desnaturalización" del concepto de terrorismo tras la reforma penal del año 2015».

estado de terror en la sociedad, incidiendo de forma decisiva en la seguridad ciudadana y atacando al conjunto de la sociedad democrática. De esta manera «cualquier otra interpretación más amplia de la expresión bandas armadas, que permitiera la aplicación de la LO 9/1984 y singularmente de los preceptos de su Capítulo Tercero a personas o grupos que actúan con armas, sin provocar el terror en la sociedad *ni pretender alterar el orden democrático y constitucional del Estado de Derecho y sin ponerlo objetivamente en peligro*, carecería de la cobertura constitucional del art. 55.2».[14]

Al hilo de lo señalado en el párrafo anterior, ha sido precisamente la jurisprudencia emanada del propio Tribunal Supremo español —explicitada al comienzo del presente trabajo cuando se estudió el concepto jurídico-penal del terrorismo en el ordenamiento jurídico español— la que ha ido perfilando los presupuestos necesarios para poder afirmar la existencia de una organización o grupo terrorista. Así, ha definido como necesaria la presencia de dos elementos: (1) Uno estructural, basado en el carácter organizado y armado de los grupos u organizaciones terroristas; (2) Un elemento teleológico o, si se prefiere, motivacional: la presencia de objetivos de naturaleza política. Es precisamente este elemento el que dota de singularidad a la delincuencia terrorista, permitiendo distinguir a las organizaciones terroristas del resto de organizaciones criminales propias de la delincuencia organizada. Las organizaciones terroristas atacan el corazón del Estado social y democrático de Derecho y pretenden subvertir el orden constitucional, algo que, ciertamente, no se puede decir que ha ocurrido en los últimos años en El Salvador con respecto a la actividad delictiva desplegada por las maras.

A pesar de ello, la sentencia de la Corte Suprema de Justicia del año 2015 continúa mezclando crimen organizado y delincuencia terrorista, al prescindir de manera consciente y deliberada de cualquier motivación política, limitándose a destacar en su pronunciamiento la heterogeneidad y, sobre todo, la gravedad de las conductas delictivas vinculadas a las pandillas. Así, continúan los magistrados señalando

14   Sentencia del Tribunal Constitucional de 16 de diciembre de 1987, p. 29 (cursivas añadidas).

que «es un hecho notorio que las *organizaciones criminales* antes mencionadas, realizan dentro de su accionar, atentados sistemáticos a la vida, seguridad e integridad personal de la población, incluidos contra las autoridades civiles, militares, policiales y penitenciarias; contra la propiedad, mediante la ejecución de delitos de extorsión a personas naturales o jurídicas; vulneraciones al derecho de todo ciudadano de residir en cualquier lugar del territorio, obligándoles a abandonar sus residencias mediante amenazas; en contra del derecho a la educación, puesto que se obliga a la deserción de estudiantes, debido al temor de ser víctimas de aquellas organizaciones; contra el libre tránsito, debido a que hay zonas específicas donde ciertas personas no pueden circular, bajo riesgos de sufrir atentados a su vida o integridad; [...] paralizan el transporte público de pasajeros, incluso a nivel nacional y con frecuencia atentan contra la vida del personal de los servicios de transporte público; impiden la libre realización de actividades económicas y laborales de amplios sectores de la población; entre tantas acciones realizadas de manera sistemática, planificada y organizada».[15]

Finalmente, y tras el arduo y tortuoso camino emprendido por los magistrados de la Sala de lo Constitucional para justificar mediante argumentos jurídicos —sin conseguirlo— su posición con respecto a la naturaleza de las maras y pandillas salvadoreñas, transitando desde conceptos como «lucha política» o «fines políticos» (p. 34), «criminalidad organizada» (p. 39) o «estructura organizada criminal» (p. 40), la histórica sentencia del año 2015 da un giro copernicano de 180 grados en los fundamentos jurídicos utilizados para resolver los recursos de inconstitucionalidad presentados en su momento contra determinados preceptos de la LECAT, declarando solemnemente —y sin ser ello materia de los recursos de inconstitucionalidad planteados— lo siguiente: «*Por esto, son grupos terroristas las pandillas denominadas Mara Salvatrucha o MS-13 y la Pandilla 18 o Mara 18, y cualquier otra pandilla u organización criminal que busque arrogarse el ejercicio de las potestades pertenecientes al ámbito de la soberanía del*

---

15 Sentencia de la Corte Suprema de Justicia, de 24 de agosto de 2015, pp. 40-41 (cursivas añadidas).

Estado —v. gr., control territorial, así como el monopolio del ejercicio legítimo de la fuerza por parte de las diferentes instituciones que componen la justicia penal—, atemorizando, poniendo en grave riesgo o afectando sistemática e indiscriminadamente los derechos fundamentales de la población o de parte de ella; en consecuencia, sus jefes, miembros, colaboradores, apologistas y financistas, quedan comprendidos dentro del concepto de "terroristas", en sus diferentes grados y formas de participación, e independientemente de que tales grupos armados u organizaciones delictivas tengan fines políticos, criminales, económicos (extorsiones, lavado de dinero, narcotráfico, etc.), o de otra índole».[16]

Como punto final a este epígrafe es preciso señalar que la utilización del terrorismo para el control del fenómeno de las pandillas no es algo novedoso en la práctica de los órganos de persecución penal salvadoreños. Así, ya en las postrimerías del siglo pasado y en los primeros años de este siglo XXI, tanto la Policía Nacional Civil como incluso la Fiscalía General de la República hacían uso del delito de actos de terrorismo, contenido en el derogado art. 343 CP, para la captura y procesamiento de jóvenes vinculados a las maras y pandillas, si bien ninguno de esos casos prosperó finalmente en los tribunales, ya que dichas conductas no cumplían con los elementos típicos del delito de actos de terrorismo exigidos tanto por el Texto Punitivo como por los propios órganos jurisdiccionales.[17] Sin embargo, a partir de la Sentencia de la Corte Suprema de Justicia del año 2015, para considerar terroristas a las maras o pandillas en El Salvador ya no es necesario, desde una vertiente subjetiva, el (intento de) acceso o toma del poder político, sino que resulta suficiente ocasionar temor o pánico sistemático, reiterado e indiscriminado, entre la población. De este modo, los conceptos «alarma, temor o terror en la población», utilizados en el art. 1 LECAT, se desvinculan definitivamente de la motivación política, lo que da lugar a mezclar peligrosamente dos materias que en la mayoría de los ordenamientos penales se encuentran separadas: la criminalidad organizada y el terrorismo.

---

16 Sentencia de la Corte Suprema de Justicia, de 24 de agosto de 2015, p. 41 (cursivas en el original).

17 Véase al respecto: Martínez Ventura, *opus cit.*, p. 443.

La problemática de las maras en El Salvador. Una realidad alejada de la delincuencia terrorista

Es INDUDABLE QUE GRAN PARTE DE LA VIOLENCIA QUE EN LOS ÚLTIMOS AÑOS ha vivido un país como El Salvador, con la tasa de homicidios situada (años 2015-2018) entre las más altas del mundo, es producto de la actividad desarrollada por las maras o pandillas, fundamentalmente la Mara Salvatrucha (MS-13) y el Barrio 18. En este sentido, las cifras hablan un lenguaje muy claro: en un país habitado por poco más de seis millones de habitantes, se estima que los *mareros* alcanzaban (año 2017) una cifra cercana a los 65.000, si bien hay que tener también en cuenta los cientos de miles de personas (familiares directos, parejas, vecinos, simpatizantes, etc.), que les sirven de apoyo.[1]

Con todo, la delincuencia violenta asociada a las maras no es un producto de reciente creación en el citado país centroamericano. Muy al contrario, para entender el fenómeno es necesario retrotraerse a la época subsiguiente al fin del conflicto armado. En los primeros años de la década de 1990, la situación en la que se encontraba El Salvador propició el caldo de cultivo necesario que hizo aflorar el fenómeno de las maras como una consecuencia en cierto modo inevitable. En aquella época, más de la mitad de la población era menor de 18 años; la Guerra civil en la que se vio inmerso el país entre los años

---

1   Véase: VALENCIA, Roberto (2018a): «El país de las maras», *El Faro*, edición 10 de junio. Consultable en Internet: https://elfaro.net/es/201806/columnas/21997/El-pa%C3%ADs-de-las-maras.htm?fbclid=IwAR2is3Bc0iuYAe0mBJLhJPsYVN77oYsfgbsi MENTRWbLAFzT5d7b-uxCnso (último acceso: 23 de diciembre de 2023). En concreto, según datos de la Policía Nacional Civil, en junio del año 2017 había en El Salvador 64.587 *mareros*, de los cuales 43.151 se encontraban en libertad y 21.436 cumpliendo una pena de prisión.

1979 y 1992 había dado lugar no sólo a una palpable desigualdad social, sino también a la posibilidad de acceder a centenares de miles de armas. Si a ello se unen la desestructuración familiar propiciada por la emigración masiva, o el entorno de violencia en la que se vio sumido dicho país centroamericano tras el conflicto armado, la aparición de las pandillas de jóvenes desarraigados en ese clima social era la consecuencia más lógica.[2]

A esta situación que se vivía de puertas hacia dentro en la sociedad salvadoreña hay que sumar las deportaciones de miles de jóvenes pandilleros condenados por la justicia estadounidense.[3] En este último país, dichas deportaciones se convirtieron en política de Estado en el año 1996, cuando se aprobó la *Illegal Immigration Reform and Immigrant Resposibility Act*, la cual permitió la expulsión de miles de inmigrantes condenados, algunos incluso menores de edad. De este modo, unos 4.000 salvadoreños con antecedentes penales, pandilleros en su mayoría, fueron deportados entre los años 1993 y 1996.[4] Como cabía esperar, estos pandilleros procedentes de EE.UU. se toparon con una generación de adolescentes sin perspectivas de futuro, por lo que no tuvieron grandes problemas en importar al territorio salvadoreño la cultura de la mara.

---

2   Véase al respecto: VALENCIA, Roberto (2018): *Carta desde Zacatraz*, Madrid: Libros del K.O., p. 34.

3   Como consecuencia de la Guerra civil que asoló a El Salvador, decenas de miles de salvadoreños abandonaron el país centroamericano, dirigiéndose la mayoría de ellos a los Estados Unidos. Una amplia colonia salvadoreña se asentó en los barrios peligrosos de Los Ángeles, donde nacerían las dos principales pandillas de Centroamérica, la Mara Salvatrucha (o MS-13) y la Mara 18. De hecho, la Mara 18 (M-18) se denomina así porque surgió en la calle 18, en Los Ángeles, mientras que la Mara Salvatrucha, conocida también como la MS-13, tenía originalmente como base territorial la calle 13 en Los Ángeles. La Mara Salvatrucha fue fundada por salvadoreños mientras la Mara 18 fue fundada por mexicanos, aunque posteriormente aceptarían también a otros jóvenes centroamericanos. Ambas pandillas crecieron a un ritmo incontrolable y, al darse cuenta de que sería difícil controlar las pandillas, el gobierno estadounidense decidió deportar masivamente a los miembros de las mismas. Para conocer el origen de ambas pandillas véase, en detalle: SAMPÓ, Carolina (2009): *Las Maras centroamericanas. Raíces y composición.* XXVII Congreso de la Asociación Latinoamericana de Sociología. VIII Jornadas de Sociología de la Universidad de Buenos Aires. Asociación Latinoamericana de Sociología, Buenos Aires, pp. 1-5.

4   VALENCIA (2018), *opus cit.*, p. 35.

Fue entonces cuando, en la segunda mitad de la década de 1990, comenzó a emerger en la sociedad salvadoreña la entonces denominada «moda mara». En aquella época, el ser pandillero se consideraba como una opción tremendamente seductora para miles de jóvenes procedentes de familias desestructuradas y con unos niveles alarmantes de pobreza.[5] Con el tiempo, estos jóvenes, con sus tatuajes, su peculiar vestimenta, sus códigos y sus señas, pasaron de ser grupos de jóvenes de naturaleza subcultural a enemigos acérrimos de la sociedad salvadoreña, y ello a pesar de que, todavía en aquella época, las maras eran responsables únicamente de una parte residual de todos los asesinatos que se cometían anualmente en El Salvador.[6] Es indudable que en ese proceso de criminalización de las maras, los medios de comunicación del país centroamericano jugaron un papel de fundamental importancia.

Con todo, quizá el mayor error del Estado salvadoreño en aquellos años fue el no abordar el contexto de las maras, que estaba pasando de ser un fenómeno juvenil a un problema de seguridad, utilizando para ello una estrategia integral enfocada no sólo en la reacción y la intervención, sino sobre todo en la prevención, analizando las causas heterogéneas del fenómeno. Más bien al contrario, en aquella época, el Estado salvadoreño optó por la desidia ante las pandillas, considerando que se trataba en puridad de un asunto juvenil interno, donde víctimas y victimarios pertenecían al mismo espectro; desconociendo que, con el paso del tiempo, los pandilleros se estaban haciendo con el control de calles y colonias enteras, pasando de ser *homeboys* de barrio a bandas de violadores y asesinos. Como se verá a continua-

---

5 Efectivamente, tal y como indican AMAYA y MARTÍNEZ en su estudio, las pandillas salvadoreñas, salvo excepciones muy puntuales, han estado mayoritariamente conformadas por jóvenes entre los 12 y los 30 años procedentes de los sectores excluidos y marginados de las sociedades a las que pertenecen. Una gran cantidad de estos jóvenes han tenido historiales de abandono y violencia dentro de sus hogares. Véase: AMAYA, Luis Enrique/ MARTÍNEZ, Juan José (2015): «Escisión al interior de la pandilla Barrio 18 en El Salvador: Una mirada antropológica», *Revista Policía y Seguridad Pública*, Año 5, Vol. 1, p. 155.
6 Según datos de la Fiscalía General de la República, en el año 1994 se produjeron un total de 7.673 homicidios intencionales en El Salvador, mientras que dicha cifra subió hasta los 7.877 en el año 1995, lo cual suponía unas tasas de 138 y 139 homicidios por cada 100.000 habitantes.

ción, la única estrategia emprendida por los distintos gobiernos que han llevado las riendas del país en las últimas décadas se ha basado en la persecución y represión de los jóvenes pandilleros, recibiendo aquélla el apoyo y beneplácito de la población y los medios de comunicación, aunque, al mismo tiempo, las críticas por parte de los científicos sociales.

Así, el quinquenio del presidente Francisco Flores (1999-2004) vino marcado sobre todo por el denominado Plan Mano Dura, dirigido a combatir el fenómeno de las maras con argumentos exclusivamente represivos, lo cual, a la postre, resultaría clave en la metamorfosis de las maras en El Salvador. La arquitectura jurídica con la que se intentó legitimar el *manodurismo* fueron dos leyes denominadas respectivamente Ley Antimaras, del año 2003, y la Ley para el Combate de las Actividades Delincuenciales de Grupos o Asociaciones Ilícitas Especiales, de 2004. Como cabía esperar, la Sala de lo Constitucional declaró ambos instrumentos legislativos como incompatibles con principios constitucionales, ya que, entre otras cuestiones, se penalizaba la mera pertenencia a un colectivo, contraviniendo además tratados internacionales como la Convención sobre los Derechos del Niño. Sin embargo, mientras estuvo en vigor, el *manodurismo* dio lugar a detenciones indiscriminadas de miles de jóvenes por su mera apariencia de pandilleros, con independencia así de la comisión de una conducta delictiva. Es lo que en el ámbito jurídico-penal se conoce como Derecho penal de autor, incompatible con los estándares vigentes en un Estado de Derecho. Todo ello favoreció el aumento de arbitrariedades y abusos policiales de miles de jóvenes procedentes de barrios desfavorecidos, lo cual solidificó aún más si cabe su sentido de pertenencia a la mara. Además, por su actuar represivo, la policía se convirtió para la Mara Salvatrucha y el Barrio 18 en el nuevo adversario al que dirigir su violencia.

Por su parte, el quinquenio de gobierno del presidente Elías Antonio Saca (2004-2009) estuvo también marcado por una política de *manodurismo* iniciada por su antecesor y que, también en este caso, fue defendida por los medios de comunicación y aplaudida por la inmensa mayoría de la sociedad salvadoreña. Así, el 30 de agosto de 2004, el presidente lanzó su propio plan, el cual fue bautizado como

«Súper Mano Dura»; un cambio semántico que no hacía sino reforzar la naturaleza con la que el mismo se concebía: mantener a las pandillas como el enemigo público número uno de la sociedad salvadoreña, lo cual justificaba toda una serie de medidas represivas, como la propuesta de aumentar las penas de prisión para los pandilleros.[7] Con todo, la medida oficial impulsada por el Gobierno de Saca, y que a la postre contribuyó decisivamente a la evolución —y radicalización— de las pandillas en El Salvador, propiciando la sofisticación de su estructura interna y la escalada en sus acciones violentas, fue el asignar cárceles exclusivas a cada pandilla, a saber, la Mara Salvatrucha y el Barrio 18; esta última, entretanto, dividida en dos facciones.[8] Dicha medida gubernamental, ejecutada a comienzos de septiembre del año 2004 por la Dirección General de Centros Penales —la cual ya se había ensayado previamente en los centros de internamiento para menores infractores—, se justificó señalando que constituía la única estrategia que permitía afrontar con éxito la violencia y las masacres que se venían produciendo entre las dos pandillas rivales que compartían un mismo centro penitenciario. Sin embargo, la asignación de cárceles exclusivas supuso un estrepitoso fracaso. Así, la concentración de los pandilleros en centros penales hizo que se reforzara aún más la cohesión y solidaridad interna entre los miembros de las maras, profesionalizándose la estructura interna y permitiendo la aparición de líderes, los cuales, desde la cárcel, organizaban, planeaban y dirigían las actividades delictivas a realizar en el exterior. De este modo, a partir de la *segregación*, buena parte de la actividad delincuencial desarrollada por las maras tenía su origen en las órdenes emitidas desde los centros penales por parte de sus líderes.[9] Por otro lado, la asignación de centros penales exclusivos

7   Martínez, Carlos (2018): «¿Quién enseñó política a las maras?», *El Faro*, edición de 26 de agosto. Consultable en Internet: https://elfaro.net/es/201808/el_salvador/22358/%C2%BFQui%C3%A9n-ense%C3%B1%C3%B3-pol%C3%ADtica-a-las   maras.htm?fbclid=IwAR3kGCiyISWVjcR9LXKtiyIS7SrM3NYnR_XR0zhi32dhj3ZvLqpaCnW7D04 (último acceso: 23 de diciembre de 2023).

8   En concreto, la escisión dio lugar a que naciesen dos facciones: «Los Sureños» y «Los Revolucionarios».

9   Véase al respecto, en detalle: Aguilar Villamariona, Jeannette (2007): «Los resultados contraproducentes de las políticas antipandillas», *ECA: Estudios Centroamericanos*,

implicó otorgar a las pandillas el control casi absoluto de los centros, poniendo al descubierto la inoperatividad del sistema penitenciario salvadoreño y abocando al fracaso cualquier política de reinserción de la población penitenciaria.

Tal y como acertadamente señala AGUILAR VILLAMARIONA, los Planes Mano Dura y Súper Mano Dura fueron incapaces de resolver el problema que había justificado su creación, ya que, «además de responder a momentos políticos específicos en función de intereses partidistas que estaban en juego en la coyuntura electoral», el *manodurismo* desplegado a bombo y platillo por los Presidentes Flores y Saca «no lograron reducir la delincuencia en general ni controlar el fenómeno de las pandillas», en particular.[10] El motivo fundamental es que dicha estrategia tenía una naturaleza fundamentalmente represiva, desatendiendo la adopción de una visión estatal integral, la cual, desde disciplinas como la antropología, la sociología o la criminología, abordase científicamente las causas generadoras del fenómeno. El *manodurismo* no sólo fomentó la cohesión interna de las pandillas, sino que dio lugar a ampliar el abanico de víctimas de la violencia de las maras, ya que, desde entonces, éstas no se reducían a la población civil, sino que ahora había que incluir también a funcionarios del Estado y a sus fuerzas de seguridad.

Tras los Gobiernos de Flores y Saca, las pandillas «dejaron de ser masas amorfas de personas más o menos vinculadas por símbolos comunes, y se convirtieron en organizaciones estructuradas, con cadena de mando, con una distribución planeada del territorio, con capacidad de articular estrategias a nivel nacional y de administrar racionalmente sus recursos».[11] En definitiva, el fenómeno de las pandillas juveniles, concebido como una subcultura delictiva, se había transformado en una realidad delictiva abarcada en buena medida por organizaciones vinculadas al crimen organizado.

núm. 708, p. 883; SAVENIJE, Wim (2009): *Maras y barras. Pandillas y violencia juvenil en los barrios marginales de Centroamérica*, FLACSO Programa El Salvador: San Salvador, p. 148.

10 AGUILAR VILLAMARIONA, Jeannette (2006): «Los efectos contraproducentes de los Planes Mano Dura», *Quórum. Revista de Pensamiento Iberoamericano*, núm. 16, p. 82.

11 MARTÍNEZ, *opus cit*.

Con el triunfo electoral de Mauricio Funes, su quinquenio de gobierno (2009-2014) se inició asumiendo la estrategia represiva frente a las maras defendida por sus antecesores. De hecho, los datos estadísticos sobre la evolución de la delincuencia en el país centroamericano no invitaban precisamente al optimismo: el año 2009 resultó ser el más violento en El Salvador desde comienzos del siglo. Violencia que alcanzó sus tintes más dramáticos el día 20 de junio de 2010, cuando en un suburbio de San Salvador una *clica* de la 18-Revolucionarios incendió un microbús de pasajeros, matando a 17 personas, la mayoría de ellas calcinadas. Por ello no es de extrañar que el fenómeno de las maras deviniese ya a problema de seguridad nacional.[12] La masacre del mes de junio dio lugar a que el Presidente Funes impulsara la elaboración, en tiempo récord, de una ley especial contra las pandillas, teniendo en cuenta que todos los instrumentos legales aprobados hasta ese momento por los distintos ejecutivos habían sido declarados inconstitucionales por violar distintos preceptos fundamentales. La propuesta de ley fue presentada a la Asamblea Legislativa menos de un mes después del ataque contra el microbús, siendo aprobada el 1 de septiembre de 2010.

La Ley de Proscripción de Maras, Pandillas, Agrupaciones, Asociaciones y Organizaciones de Naturaleza Criminal afirmaba en su Preámbulo la existencia de «agrupaciones y organizaciones *criminales*,[13] dedicadas a la comisión de delitos, cuya estructura se convierte en un medio propicio y peligroso que afecta los bienes jurídicos personales y de la colectividad». Por su parte, su art. 1 contenía el siguiente tenor literal: «Son ilegales y quedan proscritas las llamadas pandillas o maras tales como las autodenominadas Mara Salvatrucha, MS-trece, Pandilla Dieciocho, Mara Máquina, Mara Mao Mao y las agrupaciones, asociaciones u organizaciones criminales tales como la autodenominada Sombra Negra; por lo que se prohíbe la existencia, legalización, financiamiento y apoyo de las

---

12 VALENCIA (2018), *opus cit.*, p. 289.
13 Cursivas añadidas, para mostrar la interpretación que el legislador salvadoreño del año 2010 hacía de la actividad delictiva de las maras, la cual ciertamente no asociaba a la delincuencia terrorista, sino más bien a actividades en la senda del crimen organizado.

mismas». Como se puede observar, dicha ley prohibía la mera pertenencia a esas estructuras criminales, buscando al mismo tiempo perseguir sus finanzas. Ser miembro o colaborador de cualquier pandilla podía acarrear una pena de hasta diez años de prisión.[14]

Sin embargo, el gobierno del presidente Funes pasó a la historia salvadoreña por ser el primero que, ante la violencia endémica de las pandillas que alcanzaba a todos los rincones del país, colocando a El Salvador como uno de los países más peligrosos del mundo, decidió sentarse en una mesa con los líderes de unas organizaciones que, desde hace años, venían siendo descritas como el enemigo más acérrimo de la sociedad. Así, en marzo del año 2012 se gestó un acuerdo a tres bandas —y en secreto—[15] entre el Gobierno del Presidente Funes, la Mara Salvatrucha y el Barrio 18; acuerdo que sería denominado como «La Tregua». En esencia, las pandillas se comprometían a reducir drásticamente las tasas de homicidios a cambio de que sus líderes fueran trasladados desde la prisión de máxima seguridad de Zacatecoluca, a las cárceles asignadas cuando la *segregación*. Es decir, desde el ejecutivo salvadoreño se impulsó una mesa de diálogo con estructuras criminales, abriendo el camino para una negociación. Como a nadie escapa, las pandillas intuyeron su valía política y su capacidad de influir en los aparatos de poder estatal. Pues bien, fruto de estos acuerdos, la tasa de homicidios se redujo en un 60%, lo cual dio lugar a que El Salvador abandonase en el año 2012 el pódium de los países más violentos del mundo.[16] Ahora bien, aun cuando los delitos graves disminuyeron de forma considerable, las pandillas continuaron ejerciendo sin ningún rubor la actividad que más beneficios económicos le reportaba y que afectaba a la inmensa mayoría de la actividad económica del país: la extorsión.

---

14 Martínez, *opus cit.*
15 De hecho, dicho acuerdo fue destapado por unos periodistas salvadoreños en contra de la voluntad de sus promotores. Véase al respecto: Martínez, Óscar/Martínez Carlos/Arauz, Sergio/Lemus, Efren (2012): «Gobierno negoció con pandillas reducción de homicidios», *El Faro*, edición de 14 de marzo. Disponible en Internet: https://elfaro.net/es/201203/noticias/7985/Gobierno-negoci%C3%B3-con-pandillas-reducci%C3%B3n-de-homicidios.htm (último acceso: 23 de diciembre de 2023).
16 Martínez, *opus cit.*

Hay que decir que la sociedad salvadoreña se mostró siempre reacia a cualquier tipo de diálogo gobierno-pandillas, por lo que era de esperar que el futuro presidente del país se distanciase de «La Tregua» impulsada por Funes. Y así fue. Unos meses después de alcanzar el poder (que se prolongó entre los años 2014 a 2019), el presidente Salvador Sánchez Cerén dio por concluida la Tregua en enero del año 2015, anunciando en su lugar una política de tolerancia cero y persecución sin cuartel de los pandilleros. Todo ello se tradujo en operativos policiales más agresivos, condiciones carcelarias más severas —con el regreso a la prisión de máxima seguridad de Zacatecoluca de los miembros más prominentes de la Mara Salvatrucha y el Barrio 18— y con la promesa de no volver a iniciar diálogo alguno con delincuentes. Las consecuencias de ese reinstaurado *manodurismo* saltan a la vista: en el año 2015, los asesinatos se dispararon en El Salvador hasta casi 6.700, alcanzando una tasa de 103 homicidios por cada 100.000 habitantes.[17]

Tras la llegada al poder de Nayib Bukele en junio del año 2019, el nuevo Presidente de la República puso en marcha el denominado «Plan Control Territorial» con el objetivo de derrotar a las pandillas. Dicho plan trajo consigo la militarización de las calles, aumentando el número de soldados que, junto a las fuerzas policiales, asumieron la tarea de prevención, detección y represión de la violencia de las pandillas. La consecuencia de este Plan fue la reducción en el número de homicidios perpetrados en El Salvador durante el mismo año 2019, alcanzándose una histórica cifra de 2.398, lo que suponía una tasa de 35,8 por cada 100.000 habitantes. No obstante, varios analistas señalaron en esas fechas que esa disminución en el número de muertes violentas no podía atribuirse exclusivamente a una eficacia del reinstaurado *manodurismo*, sino más bien a un plan concertado entre las dos principales maras activas en El Salvador para dejar de cometer asesinatos con el objetivo de seguir manteniendo el control territorial en distintas zonas del país, incrementando así las actividades de extorsión. Al mismo tiempo, las pandillas prefirieron evitar

---

17 VALENCIA (2018), *opus cit.*, p. 370.

enfrentamientos con las fuerzas de seguridad.[18] Pero, por encima de todo, lo que estaba por ver, en el año 2019, era si esa estrategia del Presidente Bukele, inspirada claramente en el *manodurismo*, y que abarcaba medidas policiales, judiciales y penitenciarias, muchas de ellas de dudosa constitucionalidad, iba a tener efectos positivos a medio y, sobre todo, largo plazo.

Lo cierto es que, en un primer momento, el Plan Control Territorial parecía tener éxito en lo referente a la seguridad interior del país, ya que, en el año 2021, el número de homicidios cometidos volvió a descender, situándose ese año en 1.147, lo que suponía que la tasa de homicidios en dicho país alcanzase su nivel más bajo desde la conclusión de la Guerra civil, con 18,17 homicidios por cada 100.000 habitantes. Esto trajo consigo que El Salvador saliese ese año de la lista de los países más violentos del mundo. Cabe señalar que informes publicados por algunos medios de comunicación en El Salvador acusaron a Bukele de negociar con las principales pandillas del país una reducción de la violencia a cambio de beneficios económicos y penitenciarios.[19]

Sin embargo, a pesar del mencionado Plan Control Territorial, el Gobierno del Presidente Bukele inició a finales de marzo del año 2022 una auténtica guerra contra las pandillas, al responsabilizar fundamentalmente a la pandilla Mara Salvatrucha de una ola de homicidios acaecida en el país centroamericano entre el 25 y el 27 de marzo de 2022, en la que un total de 88 personas fueron asesinadas (incluidas 62 personas sólo el sábado, 26 de marzo). Al parecer, dicho aumento desorbitado de la violencia fue una respuesta por la

---

18 Asmann, Parker/O'Reilly, Eimhin (2020): «Balance de InSight Crime de los homicidios en 2019». Consultable en Internet: https://es.insightcrime.org/noticias/analisis/balance-homicidios-2019/ (último acceso: 23 de diciembre de 2023). Por otra parte, y si bien efectivamente había disminuido ostensiblemente la cifra de homicidios, seguían todavía existiendo otros aspectos muy problemáticos ligados a la violencia de las maras, como eran las altas cifras de desaparecidos.

19 Martínez, Carlos/Cáceres, Gabriela/Martínez, Óscar (2021): «Gobierno de Bukele negoció con las tres pandillas e intentó esconder la evidencia», *El Faro*, edición de 23 de agosto. Consultable en Internet: https://elfaro.net/es/202108/el_salvador/25668/Gobierno-de-Bukele-negoci%C3%B3-con-las-tres-pandillas-e-intent%C3%B3-esconder-la-evidencia.htm (último acceso: 23 de diciembre de 2023).

toma del control por parte del Gobierno de la nación de dos rutas de autobuses de la capital salvadoreña, en las que las pandillas solían llevar a cabo actos de extorsión para obtener ingresos. Otras fuentes señalaron sin embargo que la masacre producida en esos días de marzo se debió fundamentalmente a la ruptura de las negociaciones entre el Gobierno de Bukele y la Mara Salvatrucha (MS-13).[20] Dicha exacerbación de violencia por parte de las maras dio lugar a que el 27 de marzo, la Asamblea Legislativa de El Salvador aprobase un régimen de excepción por un periodo inicial de treinta días.[21] Durante la vigencia de dicho decreto se suspendieron derechos constitucionales, aumentó el tiempo de detención sin cargos de tres a quince días, permitiéndose al gobierno vigilar las comunicaciones de los ciudadanos sin orden judicial. Además, la Asamblea Legislativa salvadoreña aprobó nuevas leyes que aumentaban las penas de prisión para pandilleros y cualquier otra banda vinculada al crimen organizado. De este modo, con la reforma del art. 345 del Código Penal salvadoreño, los denominados *palabreros* (líderes de pandillas) podían recibir penas de 40 a 45 años de prisión, mientras que los miembros de pandillas podían ser condenados a penas de 20 a 30 años de prisión.

20 Martínez, Carlos (2022): «Audios de Carlos Marroquín revelan que masacre de marzo ocurrió por ruptura entre Gobierno y MS», *El Faro*, edición de 17 de mayo. Consultable en Internet: https://elfaro.net/es/202205/el_salvador/26175/Audios-de-Carlos-Marroqu%C3%ADn-revelan-que-masacre-de-marzo-ocurri%C3%B3-por-ruptura-entre-Gobierno-y-MS.htm (último acceso: 23 de diciembre de 2023).

21 Decreto núm. 333/22, de 27 de marzo, por el que se estableció el régimen de excepción, para dar continuidad al restablecimiento del orden, la seguridad ciudadana y el control territorial. Conviene señalar que, en el momento de redactar estas líneas (principios de marzo de 2024), el Decreto núm. 946, de 9 de febrero de 2024, ha prolongado hasta el 11 de marzo de 2024 los efectos contenidos en el Decreto núm. 333/22, por lo que el país salvadoreño se acerca ya a los dos años sumido en un estado de excepción. A efectos meramente ilustrativos, a partir de la temática tratada en este trabajo, el Art. 2 del Decreto núm. 333/22 señala lo siguiente: «Declárase en todo el territorio nacional "Régimen de Excepción", derivado de las graves perturbaciones al orden público por *grupos delincuenciales* que atentan contra la vida, la paz y la seguridad de la población salvadoreña» (cursivas añadidas). Dicho Decreto puede ser consultado en la siguiente dirección: https://www.asamblea.gob.sv/sites/default/files/documents/decretos/336D2998-E5BB-4CAF-87DA-46BDBABF5522.pdf

Con el régimen de excepción en vigor en todo el territorio, el Gobierno desplegó fuerzas policiales y militares adicionales, allanándose casas y creándose puestos de control alrededor de los vecindarios con presencia conocida de maras. En las colonias con mayor incidencia de criminalidad se pusieron retenes militares, en los cuales se registraba a cada persona que entraba o salía de las comunidades; cualquier individuo que era considerado como sospechoso era obligado a desnudarse con el objetivo de encontrar tatuajes que pudiesen estar relacionados con las pandillas. Como consecuencia de la acción militar y policial, cerca de 72.000 personas fueron detenidas desde el inicio del régimen de excepción hasta finales de agosto de ese mismo año 2022, de las cuales unas 7.000 fueron posteriormente puestas en libertad.[22] Estos datos demuestran cómo, en no pocos casos, las detenciones fueron arbitrarias, al no existir sospecha alguna de pertenencia a una mara. Además, el Observatorio Universitario de Derechos Humanos (OUDH) de la Universidad Centroamericana José Simeón Cañas (UCA) reveló también casos de tortura cometidos durante la aplicación del régimen de excepción.[23] Hasta febrero de 2023, siete organizaciones de Derechos humanos habían registrado 4.564 denuncias de violación de derechos humanos, cometidas en el marco del régimen de excepción. La mayoría de estas denuncias fueron realizadas por mujeres (a buen seguro madres y esposas de presuntos pandilleros) y, sobre todo, por jóvenes de entre 18 y 30 años de edad.[24] En el polo opuesto, la represión del Gobierno de Bukele gozó del beneplácito de la mayoría de la población.

---

22 «El Salvador libera a más de 7.000 inocentes de sus cárceles», *Deutsche Welle*, edición de 23 de agosto de 2022. Consultable en Internet: https://www.dw.com/es/el-salvador-libera-a-m%C3%A1s-de-7000-inocentes-de-sus-c%C3%A1rceles/a-66604440 (último acceso: 23 de diciembre de 2023).

23 «Denuncian en El Salvador violaciones a derechos humanos», *teleSURtv.net*, edición de 5 de abril de 2022. Consultable en Internet: https://www.telesurtv.net/news/procurador-ddhh-salvador-denuncias-detenciones-20220405-0008.html (último acceso: 23 de diciembre de 2023).

24 «El Salvador lleva 4.564 denuncias en el régimen de excepción», *Deutsche Welle*, edición de 9 de febrero de 2002. Consultable en Internet: https://www.dw.com/es/el-salvador-lleva-m%C3%A1s-de-4500-denuncias-en-el-r%C3%A9gimen-de-excepci%C3%B3n/a-64650209 (último acceso: 23 de diciembre de 2023).

Teniendo en cuenta el número de detenciones ocurridas en El Salvador desde la entrada en vigor del régimen de excepción en marzo de 2022 (el cual, hay que recordar, sigue en vigor), las prisiones existentes en dicho país centroamericano se vieron lógicamente expuestas a situaciones de hacinamiento. Por este motivo, el Gobierno de Bukele aprobó en su momento la construcción de una mega-cárcel para albergar, sobre todo, a los miembros de las pandillas que habían sido detenidos. Así, el 31 de enero de 2023, el Presidente salvadoreño, junto a su Gabinete de Seguridad, presentó el denominado Centro de Confinamiento del Terrorismo (CECOT), un recinto carcelario ubicado en el municipio de Tecoluca, en el departamento de San Vicente, con una extensión de 1.6 km^2 y capacidad para 40 000 reclusos. El centro penal tiene, además de pabellones para confinamiento de reos, un edificio para presos preventivos, salas de audiencia, celdas de castigo, fábricas para talleres, control de acceso con escáner de cuerpo completo y escáner para paquetes.[25]

Como conclusión al *manodurismo* puesto de manifiesto —a bombo y platillo— por Nayib Bukele en su guerra abierta contra las maras, en su haber está el manifiesto descenso en el número de homicidios ocurridos en el país en los últimos años (*Tabla 1*). Efectivamente, mientras que en el año 2015 El Salvador era considerado como el país más violento del mundo (exceptuando países en guerra como Siria o Irak), a partir del año 2019 (coincidiendo con el ascenso al poder de Bukele) se ha producido un descenso significativo en el número de muertes violentas, lo que ha conducido a que dicho país centroamericano haya salido de la lista de los países más violentos del mundo.[26]

---

25 Según información suministrada por la Asociación MOVIR (Movimiento de Víctimas del Régimen), la cual ha sido corroborada por algunos medios de comunicación salvadoreños, la inmensa mayoría de personas detenidas durante el régimen de excepción (que se mantiene en la actualidad) no se encuentran internas en el CECOT, sino en otros centros penales, como el de Mariona. Se estima que la nueva mega-prisión alberga a unas 12.000 personas, siendo la inmensa mayoría de ellos sujetos condenados por delitos muy graves y que han ido siendo trasladados a este nuevo penal. De hecho, todas las personas que fueron en su momento liberadas señalaron no haber estado internas en el CECOT.

26 A finales de enero de 2023, la Policía Nacional Civil hizo públicas sus estadísticas, señalando que dicho mes se había cerrado con una tasa anualizada inferior a 2 homicidios por

Tabla 1. Evolución del número de homicidios contabilizados en El Salvador y de la tasa de homicidios por cada 100.000 habitantes (2014-2022)

	Número de homicidios	Homicidios por cada 100.000 habitantes
2022	495	7,8
2021	1.147	18,17
2020	1.341	21,31
2019	2.398	38,18
2018	3.346	53,31
2017	3.962	63,22
2016	5.276	84,41
2015	6.656	106,82
2014	3.921	63,14

Fuente: Elaboración propia a partir de los datos publicados en Datosmacro.com, así como de la información publicada por la Secretaría de Prensa de la Presidencia de El Salvador.[27]

Sin embargo, y más allá de estas cifras, en el debe del presidente salvadoreño están las críticas vertidas por numerosas organizaciones de derechos humanos, las cuales han denunciado el abuso (ya incluso aniquilación) que Bukele ha hecho del sistema democrático y de Derecho vigente en el país salvadoreño, al haber hecho uso

---

cada 100.000 habitantes, lo que convertiría a El Salvador en el país con la tasa de homicidios más baja de todo el continente americano. Véase al respecto: «El Salvador cierra enero 2023 con la tasa de homicidios más baja del continente americano», *últimahora.sv*, edición de 1 de febrero de 2023. Consultable en Internet: https://ultimahora.sv/el-salvador-cierra-enero-2023-con-la-tasa-de-homicidios-mas-baja-del-continente-americano/ (último acceso: 23 de diciembre de 2023).

27 En relación a estas cifras oficiales conviene señalar que las mismas no incluyen a aquellas personas (la mayoría miembros de las maras) fallecidas en enfrentamientos con la policía o las fuerzas militares. Así, los 495 homicidios registrados en el año 2022 harían referencia de forma exclusiva a aquellos casos en los que las víctimas eran personas inocentes. Con respecto a ese mismo año, la Policía Nacional Civil reportó 119 homicidios en los que no había responsabilidad penal, lo que hace pensar que esa cifra correspondería a mareros fallecidos en enfrentamientos con la autoridad. Lógicamente, las cifras que aquí se presentan tampoco contabilizan el número de personas desaparecidas, ya sea por desapariciones forzadas de particulares a manos de las pandillas, o de *mareros* por parte de la policía y/o el aparato militar.

de mecanismos como las detenciones arbitrarias, los malos tratos y la tortura de personas detenidas, así como las desapariciones forzadas en la lucha contra las organizaciones delictivas que suponen las maras.[28] En un Estado democrático y de Derecho, el Gobierno que lleva las riendas del país tiene sin duda la obligación y el deber de reducir la delincuencia; y tiene que hacerlo teniendo en cuenta el interés general, que es la convivencia. Ahora bien, dicha reducción de la delincuencia implica en todo caso un equilibrio entre una convivencia factible y un respeto a los derechos fundamentales de la ciudadanía. Es evidente que lo que se acaba de señalar no resulta posible en aquellos Estados donde los derechos fundamentales han permanecido o permanecen en suspenso como consecuencia del establecimiento de un sistema de gobierno no democrático, donde la pluralidad de actores primarios (por ejemplo, poder judicial) y secundarios (medios de comunicación), los cuales pueden, llegado el caso, impulsar una determinada política criminal, se ha visto restringida y/o anulada.[29]

Una vez analizada, en los párrafos anteriores, la evolución que la agenda política salvadoreña ha tenido en los últimos años, en los sucesivos gobiernos, para hacer frente al fenómeno de las maras, es turno ahora de realizar unas breves reflexiones sobre la naturaleza de

---

28   Véase al respecto: «Sin maras y sin democracia», *El Faro*, edición de 3 de febrero. Consultable en Internet: https://www.elfaro.net/es/202302/columnas/26696/Sin-maras-y-sin-democracia.htm (último acceso: 23 de diciembre de 2023).

29   Esto es algo que sin duda puede actualmente percibirse en El Salvador, país donde hay dificultades para ejercer la libertad de expresión, la libertad de prensa o incluso la libertad de cátedra. Sin ir más lejos, el Ministerio de Educación tiene la potestad para, por ejemplo, suspender las actividades de una universidad. Al respecto hay que destacar los ataques directos, incluso a través de las redes sociales, por parte de dirigentes del gobierno salvadoreño contra la Universidad Centroamericana José Simeón Cañas (UCA). A las primeras críticas vertidas por académicos de dicha universidad contra la política desplegada por el actual gobierno, los ataques de Bukele fueron furibundos. La Universidad Tecnológica de El Salvador (segunda universidad del país en cuanto a alumnos matriculados) tenía en el año 2019 un canal de TV y un instituto de investigación de opinión pública. Pues bien, actualmente ya no disponen de ambos recursos. Por consiguiente, los centros universitarios actúan con mucha precaución en relación a lo que dicen y hacen. La libertad de prensa y de expresión también se ha visto afectada. Al respecto hay que destacar que el periódico *El Faro*, el cual desde hace años se ha convertido en el medio que más ha alzado la voz contra la política del Gobierno salvadoreño, no tiene su sede en territorio salvadoreño, sino en San José de Costa Rica.

las mismas, poniéndolas en relación con sus actividades delictivas. Fruto en buena medida de la represión policial, con actuaciones en no pocos casos arbitrarias y violadoras de los derechos humanos, así como debiendo también considerar la práctica inexistencia en el ámbito penitenciario de programas de reeducación y reinserción social, las pandillas salvadoreñas han mutado en los últimos años su estructura, composición y actividades, tanto desde una vertiente cuantitativa como cualitativa: de agrupaciones juveniles unidas por lazos de amistad, identidad y solidaridad, donde la comisión de actividades delictivas —con mayores o menores dosis de violencia— constituían una de sus múltiples manifestaciones de rebelión, las maras se han convertido en la última década en sofisticadas organizaciones criminales, las cuales amenazan la seguridad pública y la estabilidad del país, si bien carecen de una agenda política que les impide ser catalogadas como organizaciones terroristas.

Entre las actividades delictivas que llevan a cabo a gran escala destaca sin lugar a dudas una por encima de las demás: la extorsión. La llamada *renta* o cobro de impuestos a comerciantes, conductores del transporte público, empresarios y ciudadanos que se aplica en diferentes ciudades del país, a cambio de no ser asesinados, ha venido constituyendo una importante fuente de generación de ingresos para la pandilla, siendo el transporte público uno de los sectores más fuertemente afectados por la *renta*. En este sentido, los ingresos anuales de la Mara Salvatrucha se estima que han llegado a rondar los 31.2 millones de dólares; cantidad que puede parecer importante, pero que resulta irrisoria si la misma se compara con los beneficios obtenidos por las mafias mexicanas, japonesas o rusas. Efectivamente, tal y como han señalado varias investigaciones, la actividad de extorsión desplegada por las pandillas es de «subsistencia delictiva»,[30] destinándose la mayoría de los beneficios obtenidos en mejorar su capacidad operativa, pagar abogados de los *homies* sentenciados o

---

[30] Véase al respecto: Martínez, Óscar/Lemus, Efren/Martínez, Carlos/Sontag, Deborah (2016): «La mafia de pobres que desangra El Salvador», *El Faro*, edición de 20 de noviembre. Consultable en Internet: https://elfaro.net/es/201611/salanegra/19580/La-mafia-de-pobres-que-desangra-El-Salvador.htm (último acceso: 23 de diciembre de 2023).

sometidos a juicio, sufragar funerales o mantener económicamente a las familias de los *mareros* encarcelados. Además, y a diferencia de otros grupos de crimen organizado que actúan en Centroamérica, las pandillas salvadoreñas no están involucradas en el tráfico internacional de droga a gran escala, o bien en el tráfico de armas y/o personas.

Por otro lado, debe también destacarse el hecho de que las pandillas salvadoreñas han incorporado pautas y patrones de comportamiento cada vez más violentos. Una de las características actuales de la violencia asociada a las maras es que ésta ya no sólo se manifiesta en las tradicionales disputas entre pandillas rivales, sino que se trata de una violencia ubicua que alcanza a diversos actores, ya sea la población civil, ya sean las fuerzas y cuerpos de seguridad del Estado, ya sean incluso los miembros de una *clica* en caso de deserción o actos de indisciplina.[31] Como se señaló anteriormente, muchas de estas actividades delictivas son planificadas, organizadas y dirigidas desde el interior de los centros penales.

Por todo lo explicado, las actividades delictivas desarrolladas por las maras en El Salvador en los últimos años, las cuales —salvo contadas excepciones— se explican fundamentalmente a partir de motivaciones claramente económicas, unidas a arraigados sentimientos de pertenencia, solidaridad, identidad y respeto entre los miembros de dichas agrupaciones, hace que el fenómeno de las pandillas no pueda ser considerado como delincuencia terrorista *strictu sensu*, precisamente por la falta de motivación política asociada a las acciones violentas. Tal y como de forma acertada señala SAVENIJE, «las maras no son enemigos ideológicos, ni tienen el objetivo de derrocar al Estado, ni tampoco son intrusos que se puede expulsar del territorio nacional».[32]

El contexto de las maras en El Salvador está formado por condiciones sociales excluyentes en las que muchos jóvenes sin perspectivas de futuro en la sociedad convencional deciden acudir al grupo

---

31 AGUILAR VILLAMARIONA, Jeannette/CARRANZA, Marlon (2008): «Las maras y pandillas como actores ilegales de la región», *Informe Estado de la Región 2008*, p. 22.

32 SAVENIJE, Wim (2007): «Las pandillas trasnacionales o "maras": Violencia urbana en Centroamérica», *Foro Internacional*, XLVII, núm. 3, p. 637.

de iguales como una alternativa para la obtención de pertenencia, solidaridad, identidad, respeto y recursos económicos; estos últimos difícilmente accesibles siguiendo patrones de conducta normalizada. La identidad social que la mara otorga a sus miembros, el respeto que se gana por ser un pandillero violento, el poder y los beneficios económicos que se obtienen mediante la amenaza o uso de la violencia, son aspectos muy atractivos para aquellos jóvenes que se encuentran excluidos socialmente. En el contexto descrito hay que tener en cuenta que la mayoría de los miembros de las maras han sido socializados bajo patrones culturales que privilegian y justifican el uso de la violencia. De este modo, muchas normas y valores que rigen la dinámica de las pandillas se elaboran a partir de lo que estos jóvenes han experimentado y vivido en la sociedad. Desde una perspectiva criminológica, el fenómeno descrito puede explicarse sin mayores dificultades desde la teoría de las subculturas delictivas de Albert K. COHEN. Efectivamente, el concepto de «subcultura delictiva» nace en criminología para explicar fundamentalmente la conducta desviada de ciertas minorías, concretamente la criminalidad de jóvenes y adolescentes de clase baja, organizados por regla general en bandas. Más concretamente, la noción de «subcultura delictiva» adquiere carta de naturaleza con la famosa obra de COHEN, titulada «*Delinquent Boys. The Culture of the Gang*» (1955). Para el citado autor, el origen de las subculturas delictivas entre los menores y jóvenes que habitaban en los Estados Unidos de América a mediados del siglo XX habría que buscarlo en el hecho de que la inmensa mayoría de sus miembros eran sujetos procedentes de familias pertenecientes a las clases sociales situadas en el escalafón más bajo de la escala social. Debido a la situación anómica que suele acompañar a estas clases menos privilegiadas, el joven suele estar sometido, en la mayoría de los casos, a un grave problema de estatus y de frustración. Puesto que la estructura social impide al joven de las clases bajas el acceso al bienestar por vías legales, éste experimenta un conflicto cultural o estado de frustración que determina la integración del mismo en una subcultura separada de la sociedad o cultura oficial, y que posee un sistema de valores y normas directamente enfrentados a los de aquélla; una subcultura «no utilitaria, maliciosa y destructiva» que toma sus normas de la sociedad convencional para darles inmediatamente la vuelta.[33] En el contexto descrito, el joven de clase baja asume como grupo de referencia a otros jóvenes con unos problemas de adaptación semejantes, surgiendo así una subcultura que intenta en cierto modo solucionar sus problemas de adaptación y aceptación social. A partir de estas consideraciones, el concepto de subcultura delictiva lo define el propio COHEN en los siguientes términos: «Sistema de valores y creencias que fomenta la comisión de actos delictivos, confiere rango social a sus miembros por razón de tales hechos y especifica la clase de relaciones que se han de mantener con las personas ajenas al mundo social de los delincuentes».[34]

Tras estas explicaciones, es indudable que cuando uno analiza tanto la dinámica grupal de las maras o pandillas como, sobre todo, las razones que en su día hicieron florecer dichas agrupaciones entre los menores y adolescentes de los estratos más bajos de la población salvadoreña, en ese caso las características de las subculturas delictivas descritas en su día por COHEN pueden observarse en su conjunto en el contexto de las maras que aquí se analiza.

En el caso de las maras salvadoreñas (algo que sin duda resulta extensible a las otras maras existentes en países como Guatemala, Honduras o Ecuador), la pandilla se convierte para sus miembros en un reducto de seguridad, donde muchos jóvenes con relaciones familiares muy deterioradas, o simplemente carentes de ellas, buscan apoyo y refugio. Al entrar en una pandilla, los problemas y conflictos personales se diluyen en el grupo, adoptándose un sentido de pertenencia que resulta decisivo en la adolescencia y primera adultez, y obteniéndose una protección contra todo un ambiente y un sistema comprendido como violento. Dentro de la pandilla, los problemas del grupo se vuelven personales y viceversa. Se comparte la casa, la ropa, el dinero y la comida. La pandilla se convierte para muchos en la familia; una familia que les dota, en colectivo, de un sentimiento de respeto dentro de sus propios contextos socioculturales y les

---

33 COHEN, Albert K. (1955): *Delinquent Boys. The Culture of the Gang*, New York: The Free Press, p. 25.
34 *Ibidem*, p. 26.

permite existir en espacios donde, de no ser por esta pertenencia, no podrían. Sin embargo, esto no debe interpretarse como si las relaciones en el interior de estos grupos fuesen plenamente armónicas. El marco general de ellas es la violencia.[35] Ahora bien, en el caso de las pandillas centroamericanas, y exceptuando lógicamente los casos de extorsión, el uso de la violencia tiene un carácter simbólico mucho más acentuado que en el contexto de la violencia ejercida por los grupos y organizaciones vinculados al crimen organizado. Estos últimos emplean la violencia con una lógica más *empresarial*, con el objetivo de obtener beneficios económicos a través de la actividad criminal.[36] Por el contrario, las acciones de violencia en las maras o pandillas tienen que ver, sobre todo, con el mantenimiento de un sistema de agresiones recíprocas con los otros grupos antagónicos, los cuales suelen ser otras pandillas con estructuras similares. Se trataría así de una violencia *ad intra*. No obstante, en el caso de las maras salvadoreñas también se percibe una violencia *ad extra*, de naturaleza empresarial, la cual se haría patente, por ejemplo, en los casos de secuestros, asesinatos y desapariciones de individuos ajenos al mundo de las pandillas que se niegan a pagar la *renta*.

En la situación descrita, y partiendo de la base de que la problemática de las maras tiene su origen en múltiples causas de carácter social, económico y cultural, El Salvador nunca ha invertido en prevención, reinserción y rehabilitación. Tal y como se ha señalado de forma reiterada en esta obra, no hay centros de rehabilitación ni programas de reinserción para (re)incorporar a la sociedad a los *mareros* que cumplen condena. Al mismo tiempo, no existen iniciativas de prevención y políticas sociales para evitar que los jóvenes en riesgo se unan a las pandillas.[37] Por el contrario, los sucesivos gobiernos que han tomado las riendas del país han priorizado la implantación de estrategias de signo punitivo y de seguridad, dirigidas a la persecución y encarcelamiento de adolescentes y jóvenes sospechosos, en algunos casos, de la simple pertenencia a una pandilla. Paralelamente, los

---

35 AMAYA/MARTÍNEZ, *opus cit.*, pp. 160-161.
36 *Ibidem*, p. 156.
37 MARTÍNEZ/LEMUS/MARTÍNEZ/SONTAG, *opus cit.*

medios de comunicación del país han jugado un papel determinante en la criminalización de los jóvenes vinculados a las pandillas, al adoptar un discurso dirigido de forma exclusiva a su estigmatización. Tal y como señalan SMUTT y MIRANDA, «la visión fragmentada de la problemática de las pandillas lleva a gastar recursos y esfuerzos que se limitan a enfrentar las consecuencias manifiestas del fenómeno, desatendiendo las causas».[38]

---

38 SMUTT, Marcela/MIRANDA, Lissette (2002): «El fenómeno de las pandillas en El Salvador», *Entorno*, núm. 26, p. 25.

Conclusiones

LA DELINCUENCIA TERRORISTA CONSTITUYE SIN LUGAR A DUDAS UNO de los fenómenos delictivos que generan más miedo en la población, más cobertura mediática y más respuestas de los órganos de decisión política. Ello es debido a que el terrorismo, contrariamente a lo que sucede con la delincuencia común, ataca a bienes jurídicos tanto individuales (vida, libertad, seguridad) como colectivos (orden constitucional, seguridad pública). En relación a ello, y haciendo propias las palabras de OTTENHOF, «de todos los efectos perversos que el terrorismo engendra (...) la desmesura constituye sin duda el denominador común».[1] Pues bien, es probable que ninguno de esos efectos sea tan desmesurado como la sustitución de la razón jurídica por la razón de Estado. Es precisamente en nombre de esta última razón cuando se aceptan o se desechan las normas legales y los principios inspiradores del ordenamiento jurídico, cada vez que estos entran en colisión con aquélla o aparecen como disfuncionales.

Pues bien, en el contexto descrito, puede afirmarse que la idea de seguridad ha venido presidiendo las iniciativas represivas que, en toda la temática relativa a los delitos de terrorismo, se han impuesto en la política penal llevada a cabo tanto en España como en El Salvador en los últimos años. El avance punitivo es la nota más característica de esta política criminal: guerra contra el terrorismo, guerra contra las maras, endurecimiento de las sanciones y de sus formas de cumplimiento... instrumentos todos ellos útiles para la clase política en aras a devolver a la sociedad la confianza y la sensación de

---

1 OTTENHOF, Reynald (1987): «Le droit pénal français à l'épreuve du terrorisme», *Revue de Science Criminelle et de Droit Pénal Comparé*, núm. 3, p. 607.

protección que parecían perdidas, a la vez que proporciona réditos políticos a corto plazo a quien promueve su aprobación.[2] Por el contrario, los aspectos técnico-jurídicos y dogmático-penales aducidos por la doctrina para interpretar una determinada norma carecen en absoluto de interés. Lo mismo que ciertos derechos fundamentales con respaldo constitucional.

De acuerdo con la noción de terrorismo acuñada en el presente trabajo, las especiales características de este tipo de delincuencia son fundamentalmente tres: (1) La existencia de una organización con carácter más o menos estable, con reparto de roles y con la disposición de utilizar armas o sustancias explosivas, lo cual confiere una especial peligrosidad y gravedad a las conductas delictivas desplegadas; (2) La utilización de los medios específicos de actuación, fundamentalmente el uso de la violencia, con el objetivo de la intimidación masiva, incrementándose con ello el injusto por la despersonalización que impone a las víctimas; (3) Por último, el significado en todo caso *político* de los actos delictivos, el cual, al ser interpretado por el Estado y sus ciudadanos como una motivación especialmente ilegítima en un sistema político de libertades, puede llegar a justificar una pena incrementada sobre la prevista en los correspondientes tipos comunes. La presencia de todas estas características ha dado lugar en España a regular los delitos de terrorismo, ya sea mediante una ley especial, ya sea como delitos autónomos dentro del Texto Punitivo. En ambos casos, la comisión de dichas actividades delictivas ha traído como consecuencia no sólo la imposición de penas más severas si las mismas se comparan con las previstas para el resto de conductas delictivas, sino también la aplicación de medidas más restrictivas desde un punto de vista procesal-penal y penitenciario.

Pues bien, en el caso de España, la reforma del CP operada en el año 2015 ha dado lugar a diluir el concepto de terrorismo, el cual

---

2   Así, como cabía esperar, el candidato del partido Nuevas Ideas, Nayib Bukele, ganó las elecciones celebradas en El Salvador el pasado 4 de febrero de 2024, tras obtener 2,7 millones de votos, lo que representa un respaldo del 82,66 por ciento de los votantes que participaron (3,2 millones), según datos del Tribunal Supremo Electoral. El resto de candidatos (5) que se presentaban a las elecciones solo pudieron aglutinar, entre todos, el 17,34% de los votos.

actualmente abarca una serie de conductas ajenas por completo a lo que tradicionalmente se venía considerando como violencia terrorista. Esto ha dado lugar a poner en serio peligro principios fundamentales del Derecho penal como el de taxatividad. Criticable resulta también la extensión que se produce del elemento teleológico vinculado a la delincuencia terrorista. Con la nueva definición del delito de terrorismo contenida en el art. 573.1 CP, dicho elemento teleológico se amplía, abarcando un total de cuatro finalidades, las cuales no hacen sino aumentar la confusión. Algo que, a la postre, puede dar lugar a extender las conductas terroristas a supuestos carentes de finalidad política alguna.

Por lo que hace referencia a la situación en El Salvador, tanto la legislación antiterrorista como, sobre todo, la trascendental sentencia dictada en el año 2015 por la Sala de lo Constitucional de la Corte Suprema de Justicia, han llevado también a desvirtuar y diluir el concepto de terrorismo, despojándolo de cualquier finalidad política para con ello integrar al crimen organizado (v. gr. la Mara Salvatrucha o el Barrio 18) dentro de la delincuencia terrorista. Tal y como ha señalado la doctrina penal mayoritaria, grupos u organizaciones terroristas sólo pueden ser los que tengan un objetivo político. Esto supone una limitación del concepto de terrorismo absolutamente necesaria, pues en otro caso no hay forma de distinguir el terrorismo de otros delitos comunes, de la delincuencia organizada y de conductas como, por ejemplo, los desórdenes públicos.

El terrorismo es, en cierto modo, una forma de participación política, más o menos difusa. Esto era evidente en el caso de las organizaciones terroristas tradicionales que desplegaron su violencia en las décadas de 1960 y 1970, siendo más indirecta en el contexto del terrorismo islamista. No cabe duda de que tanto en El Salvador como en otros países de Centroamérica existen organizaciones que llevan a cabo hechos tan graves como los terroristas y que, sin duda alguna, pueden llegar a representar un auténtico problema político para el Estado. Un ejemplo paradigmático lo constituyen las mafias y los cárteles vinculados al tráfico de drogas en México. En el caso de un país como El Salvador, en los últimos años se ha venido produciendo ciertamente una evolución de las pandillas, pasando de ser grupos de jóvenes marginados a convertirse en verdaderas estructuras criminales que llegaron a disputar al Estado el control sobre una significativa parte del territorio y, más importante, de la población.

Pero en estos casos, su finalidad no es de subversión (o mantenimiento) del poder político. Pretender equiparar el terrorismo con este tipo de organizaciones vinculadas al crimen organizado se comprende en parte por la creciente *vulgarización* que se está produciendo del propio concepto de terrorismo, ya que distintas conductas delictivas se etiquetan sin más con este vocablo, debido a su gravedad y repercusión mediática. Un ejemplo palmario que ilustra esta valoración se encuentra en España, donde en no pocos casos se habla ya de «terrorismo doméstico» para calificar los actos de maltrato habitual en el hogar por parte del hombre hacia su pareja sentimental. Otros países como México han llegado a acuñar el concepto de «narcoterrorismo». Si todo lo que genera alarma debe considerarse, sin más, como terrorismo, en ese caso estarían de más buena parte de los tipos penales contenidos en los códigos penales. En consecuencia, sólo cuando esa alarma, ese despliegue de violencia se lleva a cabo por una organización o grupo con fines de desestabilización política, en ese caso se puede partir de la existencia de una conducta terrorista. Algo que, ciertamente, no puede afirmarse en relación con las actividadess delictivas desplegadas por las maras en El Salvador. De hecho, en un país como México, azotado desde hace décadas por organizaciones mafiosas que han declarado la guerra al Estado, existe una legislación especial dirigida a combatir las actividades delictivas desplegadas por organizaciones como el Cártel de Sinaloa o los Zetas: la Ley Federal Contra la Delincuencia Organizada, de 7 de noviembre de 1996, cuyo artículo 1 señala que la mencionada Ley tiene por objeto «establecer reglas para la investigación, persecución, procesamiento, sanción y ejecución de las penas, por los delitos cometidos por alguna persona que forme parte de la delincuencia organizada».[3] Como se ha apuntado anteriormente, en

3   En el polo opuesto, el presidente de Guatemala, Alejandro Giammattei, anunció nada más asumir el poder su intención de presentar una iniciativa de Ley en el Congreso con

el caso de España, las actividades delictivas cometidas por las denominadas bandas latinas se persiguen y sancionan acudiendo para ello a los conceptos de organizaciones y grupos *criminales* previstos en el Código Penal español, dejando la legislación antiterrorista para otro tipo de conductas.

En el fondo, la lucha que el Estado salvadoreño está llevando a cabo, desde años, contra la violencia desplegada por las maras o pandillas no es más que una manifestación de lo que se conoce como «Derecho penal del enemigo», lo cual ha tenido reflejo no sólo en la legislación aprobada en los últimos años, sino también en varios pronunciamientos judiciales. Partiendo de los postulados establecidos en su día por JAKOBS, el Derecho penal del enemigo hace referencia a un Derecho penal que trata a los infractores —a determinados infractores—, no como ciudadanos, es decir, como sujetos que no han respetado los mínimos de convivencia condensados en las normas penales y que, por lo tanto, deben ser *desautorizados* mediante la pena, sino como enemigos, como meras fuentes de peligro que deben ser *neutralizadas* del modo que sea, cueste lo que cueste.[4] Es evidente que el *manodurismo* ejecutado por el actual presidente de El Salvador, Nayib Bukele, ha conducido a aumentar de forma exponencial los niveles de seguridad de la sufrida población salvadoreña. La ausencia de pandillas, visible por primera vez en mucho tiempo, es un cambio fundamental en la vida de miles de ciudadanos. Sin embargo, el precio que han tenido que pagar por ello es altísimo. Los salvadoreños han renunciado a la presunción de inocencia, a la legítima defensa, a un juicio justo, a tener instancias que controlen y sancionen los abusos cometidos desde el Gobierno. Han renunciado al Estado de Derecho, el cual supone el respeto a la ley y a la Cons-

---

el objetivo de declarar como grupos terroristas a las maras y pandillas que actúan en dicho país centroamericano. Véase: VERA, Asier (2020): «El puño de hierro del presidente Giammattei: declarar terroristas a las pandillas y que los policías usen sin miedo su arma», diario *El Mundo*, edición *online* de 15 de enero de 2020. Consultable en Internet: https://www.elmundo.es/internacional/2020/01/15/5e1f2197fdddffe8988b45e2.html (último acceso: 23 de diciembre de 2023).

4   JAKOBS, Günther (1985): «Kriminalisierung im Vorfeld einer Rechtsgutsverletzung», *Zeitschrift für die gesamte Strafrechtswissenschaft*, Vol. 97, pp. 753 y 756.

titución. Han renunciado a la libre expresión de ideas, a la libertad de disentir y a la separación de poderes.

Por último, y a modo de reflexión final, para hacer frente de forma eficaz a una forma de delincuencia de las características del terrorismo, fenómeno que supone un ataque a las bases mismas del sistema democrático, el legislador no puede optar por supeditar los principios garantistas del Derecho penal contemporáneo a una eventual efectividad de la intervención penal frente a este tipo de delincuencia, de tal suerte que la excepcionalidad devenga justificada por la defensa del Estado de Derecho o de la democracia. Tal y como ha señalado buena parte de la doctrina penal española, el Estado de Derecho no es un fin en sí mismo, sino un medio. Y el mismo no puede defenderse mediante su propia negación. Y esta afirmación sirve tanto para la lucha contra organizaciones terroristas, como contra aquellas otras ubicables en el contexto del crimen organizado.

Bibliografía

AGUILAR VILLAMARIONA, Jeannette (2006): «Los efectos contraproducentes de los Planes Mano Dura», *Quórum. Revista de Pensamiento Iberoamericano*, núm. 16, pp. 81-94.

AGUILAR VILLAMARIONA, Jeannette (2007): «Los resultados contraproducentes de las políticas antipandillas», *ECA: Estudios Centroamericanos*, núm. 708, pp. 877-890.

AGUILAR VILLAMARIONA, Jeannette/CARRANZA, Marlon (2008): «Las maras y pandillas como actores ilegales de la región», *Informe Estado de la Región 2008*, pp. 1-38.

ALONSO, Rogelio/DOMÍNGUEZ, Florencio/GARCÍA REY, Marcos (2010): *Vidas rotas. Historia de los hombres, mujeres y niños víctimas de ETA*, Madrid: Espasa Libros.

AMAYA, Luis Enrique/MARTÍNEZ, Juan José (2015): «Escisión al interior de la pandilla Barrio 18 en El Salvador: Una mirada antropológica», *Revista Policía y Seguridad Pública*, Año 5, Vol. 1, pp. 149-178.

ASMANN, Parker/O'REILLY, Eimhin (2020): «Balance de InSight Crime de los homicidios en 2019». Disponible en Internet: https://es.insightcrime.org/noticias/analisis/balance-homicidios-2019/

CALDERÓN CEREZO, Ángel/CHOCLÁN MONTALVO, José Antonio (2001): *Derecho Penal. Parte Especial*, Tomo II, 2ª Ed., Barcelona: Bosch.

CANCIO MELIÁ, Manuel (2002): «"Derecho penal" del enemigo y delitos de terrorismo. Algunas consideraciones sobre la regulación de las infracciones en materia de terrorismo en el Código penal español después de la LO 7/2000», *Jueces para la Democracia*, núm. 44, pp. 19-26.

CANCIO MELIÁ, Manuel (2010): *Los delitos de terrorismo. Estructura típica e injusto*, Madrid: Reus.

CANO PAÑOS, Miguel Ángel (2008): «Los inicios de la lucha antiterrorista en Alemania. Análisis de la legislación penal y procesal en las décadas de 1970-1980», *Revista Electrónica de Ciencia Penal y Criminología*, núm. 10, pp. 1-31. Disponible en Internet: http://criminet.ugr.es/recpc .

CANO PAÑOS, Miguel Ángel (2008a): «La problemática de las bandas latinas en España», *Iter Criminis*, núm. 2, Cuarta Época, Marzo-Abril, pp. 129-156.

CANO PAÑOS, Miguel Ángel (2012): *Régimen penitenciario de los terroristas en España. La prisión como arma para combatir a ETA*, Madrid: Dykinson.

Cano Paños, Miguel Ángel (2013): *Tratamiento del fenómeno terrorista en el Derecho penal*, Lima: ARA Editores.

Cano Paños, Miguel Ángel (2019): «Los delitos de rebelión y sedición en el ordenamiento jurídico español y su eventual aplicación al proceso independentista catalán», *Revista Electrónica de Estudios Penales y de la Seguridad*, núm. 5, pp. 1-44.

Cano Paños, Miguel Ángel (2024): «A vueltas con el *procés*, la amnistía y el terrorismo», *Crónica Seguridad*, 12 de febrero de 2024. Disponible en Internet: https://cronicaseguridad.com/2024/02/12/a-vueltas-con-el-proces-la-amnistia-y-el-terrorismo/

Cobo del Rosal, Manuel/Quintanar Díez, Manuel (2004): «Delitos contra el orden público (V). Delitos de terrorismo», en: Cobo del Rosal, Manuel (Coord.), *Derecho penal español. Parte Especial*, Madrid: Dykinson, p. 1123-1140.

Cohen, Albert K. (1955): *Delinquent Boys. The Culture of the Gang*, New York: The Free Press.

Elorza, Antonio (Coord.): *La historia de ETA*, Madrid: Temas de Hoy.

García Arán, Mercedes (2004): «De los delitos de terrorismo», en: Córdoba Roda, Juan/García Arán, Mercedes (Dres.), *Comentarios al Código Penal. Parte Especial*, Tomo II, Madrid: Marcial Pons, pp. 2603-2633.

García Valdés, Carlos (1984): «La legislación antiterrorista: Derecho vigente y Proyectos continuistas», *Anuario de Derecho Penal y Ciencias Penales*, Tomo XXXVII, Fasc. II, pp. 293-304.

Jakobs, Günther (1985): «Kriminalisierung im Vorfeld einer Rechtsgutsverletzung», *Zeitschrift für die gesamte Strafrechtswissenschaft*, Vol. 97, pp. 751-785.

Kazyrytski, Leanid (2016): «Las bandas callejeras latinoamericanas en España y el giro punitivo en el tratamiento de su problemática», *InDret*, núm. 2, pp. 1-26.

Lamarca Pérez, Carmen (1993): «Sobre el concepto de terrorismo (A propósito del caso Amedo)», *Anuario de Derecho Penal y Ciencias Penales*, Tomo XLVI, Fasc. II, pp. 535-560.

Lamarca Pérez (2004): «Terrorismo», en: la misma (Coord.), *Derecho Penal. Parte Especial*, 2ª Ed., Madrid: Colex.

Llobet Anglí, Mariona (2006): «Delitos de terrorismo», en: Silva Sánchez, Jesús-María (Dir.) et al., *Lecciones de Derecho Penal. Parte Especial*, Barcelona: Atelier, pp. 373-380.

López Garrido, Diego (1987): *Terrorismo, política y derecho. La legislación antiterrorista en España, Reino Unido, República Federal de Alemania, Italia y Francia*, Madrid: Alianza.

Lozano, Andros (2025): «Los dos intentos frustrados de arraigar en España de la temible Mara Salvatrucha», diario *El Mundo*, edición online de 13 de mayo. Disponible en Internet: https://www.elmundo.es/cronica/2025/05/13/681e2b0ae85ece08158b45b5.html .

MARTÍNEZ, Óscar/MARTÍNEZ Carlos/ARAUZ, Sergio/LEMUS, Efren (2012): «Gobierno negoció con pandillas reducción de homicidios», *El Faro*, edición de 12 de marzo. Disponible en Internet: https://elfaro.net/es/201203/noticias/7985/Gobierno-negoci%C3%B3-con-pandillas-reducci%C3%B3n-de-homicidios.htm .

MARTÍNEZ, Óscar/LEMUS, Efren/MARTÍNEZ, Carlos/SONTAG, Deborah (2016): «La mafia de pobres que desangra El Salvador», *El Faro*, edición de 20 de noviembre. Disponible en Internet: https://elfaro.net/es/201611/salanegra/19580/La-mafia-de-pobres-que-desangra-El-Salvador.htm

MARTÍNEZ, Carlos (2018): «¿Quién enseñó política a las maras?», *El Faro*, edición de 26 de agosto. Disponible en Internet: https://elfaro.net/es/201808/el_salvador/22358/%C2%BFQui%C3%A9n-ense%C3%B1%C3%B3-pol%C3%ADtica-a-las-maras.htm?fbclid=IwAR3kGCiyISWVjcR9LXKtiyI S7SrM3NYnR_XR0zhi32dhj3ZvLqpaCnW7D04

MARTÍNEZ, Carlos (2022): «Audios de Carlos Marroquín revelan que masacre de marzo ocurrió por ruptura entre Gobierno y MS», *El Faro*, edición de 17 de mayo. Consultable en Internet: https://elfaro.net/es/202205/el_salvador/26175/Audios-de-Carlos-Marroqu%C3%ADn-revelan-que-masacre-de-marzo-ocurri%C3%B3-por-ruptura-entre-Gobierno-y-MS.htm

MARTÍNEZ, Carlos/CÁCERES, Gabriela/MARTÍNEZ, Óscar (2021): «Gobierno de Bukele negoció con las tres pandillas e intentó esconder la evidencia», *El Faro*, edición de 23 de agosto. Consultable en Internet: https://elfaro.net/es/202108/el_salvador/25668/Gobierno-de-Bukele-negoci%C3%B3-con-las-tres-pandillas-e-intent%C3%B3-esconder-la-evidencia.htm

MARTÍNEZ VENTURA, Jaime Edwin (2015): «El delito de terrorismo en El Salvador. Un análisis de la Ley Especial Contra Actos de Terrorismo», en: AMBOS, Kai/MALARINO, Ezequiel/STEINER, Christian (eds.), *Terrorismo y Derecho Penal*, Berlín: Konrad-Adenauer-Stiftung, pp. 439-468.

MIRALLES, Melchor/ONETTI, Antonio (2006): *GAL. La historia que sacudió el país*, Madrid: La Esfera de los Libros.

MIRANDA ESTRAMPES, Manuel (2002): «De los delitos de terrorismo», en: DEL MORAL GARCÍA, Antonio/SERRANO BUTRAGUEÑO, Ignacio (coords.), *Código Penal (Comentarios y jurisprudencia)*, Tomo II, 3ª Ed., Granada: Comares, pp. 2744-2767.

MUÑOZ CONDE, Francisco (2004): *Derecho Penal. Parte Especial*, 15. Ed., Valencia: Tirant lo Blanch.

OTTENHOF, Reynald (1987): «Le droit penal français à l'épreuve du terrorisme», *Revue de Science Criminelle et de Droit Pénal Comparé*, núm. 3, p. 607-619.

PORTILLA CONTRERAS, Guillermo (2001): «Terrorismo de Estado: los Grupos Antiterroristas de Liberación (G.A.L.)», en: ARROYO ZAPATERO, Luis A./BERDUGO GÓMEZ DE LA TORRE, Ignacio (Dres.), *Homenaje al Dr. Marino Barbero Santos. In memoriam*, Vol. II, Cuenca: Ediciones de la Universidad de Castilla-La Mancha, Ediciones Universidad de Salamanca, pp. 501-530.

Prats Canut, Josep Miquel (2001): «De los delitos de terrorismo», en: Quintero Olivares, Gonzalo/Morales Prats, Fermín (coords.), *Comentarios al Nuevo Código Penal*, 2ª Ed., Elcano: Aranzadi, p. 2297-2324.

Sampó, Carolina (2009): *Las Maras centroamericanas. Raíces y composición*. XXVII Congreso de la Asociación Latinoamericana de Sociología. VIII Jornadas de Sociología de la Universidad de Buenos Aires. Asociación Latinoamericana de Sociología, Buenos Aires, pp. 1-11.

Savenije, Wim (2007): «Las pandillas trasnacionales o "maras": Violencia urbana en Centroamérica», *Foro Internacional*, XLVII, núm. 3, pp. 637-659.

Savenije, Wim (2009): *Maras y barras. Pandillas y violencia juvenil en los barrios marginales de Centroamérica*, FLACSO Programa El Salvador: San Salvador.

Scandoglio, Bárbara (2009), *Jóvenes, grupos y violencia. De las tribus urbanas a las bandas latinas*, Barcelona: Icaria.

Schmid, Alex P. (2023): «Defining Terrorism», *International Centre for Counter-Terrorism, ICCT Report*, pp. 1-50.

Serrano-Piedecasas, José Ramón (2002): «Tratamiento jurídico-penal del terrorismo en un Estado de derecho», en: Zúñiga Rodríguez, Laura, *et al.* (Ed.), *El Derecho penal ante la globalización*, Madrid: Colex, pp. 73-84.

Smutt, Marcela/Miranda, Lissette (2002): «El fenómeno de las pandillas en El Salvador», *Entorno*, núm. 26, pp. 18-30.

Teixidor, Anna (2020): *Los silencios del 17-A*, Barcelona: Diëresis.

Valencia, Roberto (2018): *Carta desde Zacatraz*, Madrid: Libros del K.O.

Valencia, Roberto (2018a): «El país de las maras», *El Faro*, edición 10 de junio. Disponible en Internet: https://elfaro.net/es/201806/columnas/21997/El-pa%C3%ADs-de-las_maras.htm?fbclid=IwAR2is3Bc0iuYAe0mBJLhJPsYVN77oYsfgbsiMENTRWbLAFzT5d7b-uxCnso

Vera, Asier (2020): «El puño de hierro del presidente Giammattei: declarar terroristas a las pandillas y que los policías usen sin miedo su arma», diario *El Mundo*, edición *online* de 15 de enero de 2020. Disponible en Internet: https://www.elmundo.es/internacional/2020/01/15/5e1f2197fdddffe8988b45e2.html